/ 100位
为新中国成立作出突出贡献的英雄模范人物/

旷继勋

于　元/编著

吉林文史出版社

图书在版编目（CIP）数据

旷继勋 / 于元编著. -- 长春 : 吉林文史出版社,
2011.4（2022.4重印）
（100位为新中国成立作出突出贡献的英雄模范人物）
ISBN 978-7-5472-0536-5

Ⅰ. ①旷… Ⅱ. ①于… Ⅲ. ①旷继勋（1895～1933）
—生平事迹 Ⅳ. ①K825.2

中国版本图书馆CIP数据核字(2011)第050693号

旷继勋

KUANGJIXUN

编著/ 于元
选题策划/ 王尔立　责任编辑/ 王尔立
装帧设计/ 韩璘
出版发行/ 吉林文史出版社
地址/ 长春市福祉大路5788号　邮编/ 130118
电话/ 0431-81629363　传真/ 0431-86037589
印刷/ 天津海德伟业印务有限公司
版次/ 2011年4月第1版 2022年4月第6次印刷
开本/ 640mm×920mm　1/16
印张/ 9　字数/ 100千
书号/ ISBN 978-7-5472-0536-5
定价/ 29.80元

《100位为新中国成立作出突出贡献的英雄模范人物》丛书

编　委　会

主　任　　张自强　高　磊

副主任　　王东炎　徐　潜　张　克　王尔立

编　委　　郭家宁　尚金州　龚自德　张菲洲

张宇雷　褚当阳　丁龙嘉　孙硕夫

李良明　闫勋才

/100位

为新中国成立作出突出贡献的英雄模范人物/

八女投江　于化虎　小叶丹　马本斋　马立训　方志敏

毛泽民　毛泽覃　王尔琢　王尽美　王克勤　王若飞

邓　萍　邓中夏　邓恩铭　韦拔群　冯　平　卢德铭

叶　挺　叶成焕　左　权　诺尔曼·白求恩　任常伦

关向应　刘老庄连　刘伯坚　刘志丹　刘胡兰　吉鸿昌

向警予　寻淮洲　戎冠秀　朱　瑞　江上青　江竹筠

许继慎　阮啸仙　何叔衡　佟麟阁　吴运铎　吴焕先

张太雷　张自忠　张学良　张思德　旷继勋　李　白

李　林　李大钊　李公朴　李兆麟　李硕勋　杨　殷

杨子荣　杨开慧　杨虎城　杨靖宇　杨闇公　萧楚女

苏兆征　邹韬奋　陈延年　陈树湘　陈嘉庚　陈潭秋

冼星海　周文雍、陈铁军夫妇　周逸群　明德英　林祥谦

罗亦农　罗忠毅　罗炳辉　郑律成　恽代英　段德昌

贺　英　赵一曼　赵世炎　赵尚志　赵博生　赵登禹

闻一多　埃德加·斯诺　夏明翰　格里戈里·库里申科

狼牙山五壮士　聂　耳　郭俊卿　钱壮飞　黄公略

彭　湃　彭雪枫　董存瑞　董振堂　谢子长　鲁　迅

蔡和森　戴安澜　瞿秋白

前 言

每个人的心中都多少有一点英雄情结，都向往英雄、景仰英雄。也正因此，在中华人民共和国建国六十周年之际，由中央十一部委联合组织开展的“100 位为新中国成立作出突出贡献的英雄模范人物和 100 位新中国成立以来感动中国人物”的评选活动中，群众参与投票总数近一亿。这其中的每一张选票，都表达了人们对英雄模范的崇敬之情，寄托着对伟大祖国的美好祝福。

一个民族不能没有英雄，否则这个民族就不会强大。当国家危难之时，懦弱者选择了逃避、妥协甚至投降，英雄们却挺身而出，用热血捍卫民族的尊严，人民的幸福。在创立和建设新中国的伟大历程中，涌现出无数可歌可泣的英雄模范人物。他们之中，有为了民族独立和人民解放而英勇牺牲的革命先烈，有为了党和人民的事业而不懈奋斗的优秀共产党员，有在全民族抗战中顽强奋战、为国捐躯的爱国将士，有英勇杀敌的战斗英雄和革命群众，有积极从事进步活动的著名民主爱国人士和国际友人……他们是民族的脊梁、祖国的骄傲，是激励全体人民团结奋斗的精神力量。

《100 位为新中国成立作出突出贡献的英雄模范人物传记》丛书，就像一部星光璀璨的英雄谱，真实、完整地记录了英雄模范人物不平凡的一生，再现了他们非凡的人格魅力和精神世界。“头颅可断腹可剖”的铁血将军杨靖宇，“毫不利己，专门利人”的白求恩，“抗战军人之魂”张自忠，“砍头不要紧”的夏明翰，“俯首甘为孺子牛”的文化斗士鲁迅……一串串闪光的名字，一个个动人的故事，犹如群星闪烁，光耀中华。

如今，战火已熄，硝烟已散，英雄已逝，我们沐浴在和平的幸福之中。在和平年代，人们不会忘记为今日的和平浴血奋战的英雄们，英雄的故事永远不会结束。让我们用英雄的故事唤醒我们心中的激情，为中华民族的伟大复兴而奋斗。

生平简介

旷继勋（1895–1933），男，汉族，贵州省思南县人，中共党员。

旷继勋早年随友人入川参加反对清政府的保路同志军，投身民主革命。后在川军中当兵，任连长、营长等职。1926年加入中国共产党。1928 年冬，旷继勋代理川军邓锡侯部第七混成旅旅长职务，于 1929 年 6 月领导全旅在四川蓬溪起义，成立中国工农红军四川第一路军，任总指挥，罗世文任党代表，随后建立了四川第一个红色政权蓬溪苏维埃政府。后去上海，在中央特科工作，为保卫中共中央机关作出了贡献。1930年 1 月，到洪湖根据地，任红六军军长。7 月红六军与贺龙领导的红四军合编为红二军团，仍任红六军军长。1931 年，他被派到鄂豫皖革命根据地担任红四军军长。4 月，任鄂豫皖中央分局军事委员会副主席，后调任红十三师师长。10 月，任红二十五军军长，率部开展武装斗争，指挥了磨角楼、新集、双桥镇、苏家埠等重要战斗和第一、二、三次反“围剿”，为粉碎敌人的“围剿”作出重要贡献，保卫和扩大了根据地。红四方面军主力离开鄂豫皖向川北转移途中，旷继勋与曾中生等同志对张国焘的错误进行了针锋相对的斗争。12 月 24 日，旷继勋率部队攻克通江县城，成立川陕省临时革命委员会，被选为主席。1933 年 6 月牺牲。

1895-1933

[KUANGJIXUN]

◀ 旷继勋

目录 MULU

敢于革命敢于斗争的猛将（代序）

旷继勋是中国共产党的优秀党员，坚定的无产阶级革命战士，红军高级将领。他的一生虽然短暂，但他的一生是革命的一生、战斗的一生、光辉的一生。为了祖国的繁荣富强、民族的自强振兴、人民的翻身解放，他用鲜血和生命谱写了无私无畏、英勇不屈、惊天动地、可歌可泣的英雄史诗，为我们留下了极其宝贵的精神财富，激励我们在革命的道路上不断开拓前进。

我们要继承和发扬旷继勋追求真理、忠诚于党的崇高精神。旷继勋所处的时代是革命浪潮风起云涌的时代，他关注国家、民族的命运，自觉投身于反帝反封建的革命洪流之中，选择并坚定了马克思列宁主义的信仰。在党的教育和革命斗争的实践中，他从旧军队军官成长为坚定的无产阶级革命战士，把自己的一生与党的事业紧密地联系在一起。尽管他多次受到错误路线的排斥和打击，但他始终无怨无悔，赤胆忠心，生命不息，战斗不止，将鲜血和生命献给了壮丽的共产主义事业。旷继勋把听党指挥作为最高的政治要求，把忠于党作为坚定的政治信念，把党指挥枪作为永恒的价值追求，坚持以党的旗帜为旗帜，以党的方向为方向，以党的道路为道路，以党的目标为目标，无论在任何情况下，都坚决听党的话，大踏步地跟党走。

我们要继承和发扬旷继勋不怕牺牲、勇于变革的崇高精神。

旷继勋烈士所处的时代是新旧思想交错的时代，他始终不屈服于旧思想、旧势力、旧传统，无所畏惧。他致力于改造旧军队的各种恶习，吸收进步青年和军人组成四川青年军人联合会，把追求进步的新鲜空气和革命力量带到部队，孜孜不倦地寻找治军的纲领；他不能容忍旧军阀的颓败无能和恣意妄为，在国民大革命失败后的白色恐怖中，毅然放弃旧军队的优厚待遇，通过无产阶级武装革命，为国家、民族的强盛、振兴、自由而奋斗。他思想解放，勇于创新，在建立根据地、建设部队、军事指挥上，都为我党我军创造了许多宝贵的经验。

我们要继承和发扬旷继勋服务人民、无私奉献的崇高精神。旷继勋烈士所处的时代是时局动乱、民生凋敝的时代。他出生贫苦，深知劳动人民生活的艰难，从军之前就立志为贫苦人民做一些有益的事，把"谋求工农解放，为大众解除痛苦"作为参加革命的宣言。无论是在军事指挥岗位，还是在地方工作期间，无论是在顺境之中，还是在受到不公待遇时，他都矢志不渝地维护广大人民群众的利益，艰苦奋斗，勇于进取，为党和人民的事业埋头苦干，兢兢业业，为我党我军的发展壮大建立了不可磨灭的功勋。他在党的力量相对弱小、革命事业几经波折、白色恐怖阴云密布的艰难岁月里，为人民求解放，献出了宝贵的生命。

旷继勋离开我们很久了，但革命先烈的英名和崇高精神将与天地共存，与日月同辉。

茁壮成长

（1895—1926）

㊀ 穷孩子从军

☆☆☆☆☆

（0–30 岁）

旷继勋，原名大勋，号集成，1895年6月16日出生在贵州省思南县一个贫民家庭。

思南县位于黔东铜仁地区西部，地处武陵山腹地、乌江流域的中心地带，位于铜仁与历史名城遵义之间。

这里是汉、土家、苗、仡佬、蒙古等18个民族聚居的地方。

思南历史悠久，于东汉末年设县，元朝设宣慰司，明清两朝在此建府，民国时曾设专员公署。

沿乌江北上，过涪陵后可达重庆。因有乌江航运之便，自古思南商贾云集，经贸繁荣，是乌江中下游地区商品集散之地，也是黔东政治、经济、文化的中心，素有“黔东首都”之称。

思南山川秀丽，有独特的人文景观、自然景观和浓郁的民族风情。

境内神奇瑰丽的乌江峡谷，千姿百态的

△ 旷继勋故居

天然溶洞，巧夺天工的石林景观，无不令人流连忘返。

思南县城是一座美丽的文化古镇，依山傍水，错落有致，有“小重庆”的美称，是乌江之滨的一颗璀璨的明珠。乌江是我国著名的河流之一，人称千里山水画廊。一些人认为乌江胜过了漓江，甚至有“不是三峡胜三峡”之说。

滚滚的乌江水孕育了思南儿女，这里人才辈出。

旷继勋就诞生在思南，他接受了思南山的灵气，水的生机，为人绝顶聪明。

父亲旷光甫懂得中医，靠串乡卖药维持全家人生活。

1905 年至 1907 年，旷继勋入私塾读书，接触了中华民族的传统文化。

1908 年至 1910 年，旷继勋随父亲上山采草药，串乡摆地摊卖草药，日子过得很艰辛。

1911 年至 1913 年，旷继勋第二次入学，就读于国民政府成立的思南国立小学二年级。

由于家庭贫困，旷继勋从小养成了酷爱学习、乐于助人的品德，并十分喜欢武术，练就了一身轻捷矫健的功夫，能穿房越脊，好打抱不平。

1914 年，父亲开始为 17 岁的旷继勋考虑婚事，选择

△ 旷继勋

媳妇。

旷继勋对父亲说，他对邓伯家的二女儿邓白玉情有独钟。

邓伯是位蚕农，邓白玉从小帮助母亲采桑，长得体态修长，庄重大方，为人处事与旷继勋的母亲有相同的品性。

父亲想方设法接近邓家，托人说媒，不料被邓家断然拒绝了。

邓白玉听说旷家提亲后，向父亲说她愿意与旷继勋结为连理。邓白玉态度坚决，父亲便顺从了女儿的意愿。

原来，旷继勋和邓白玉是在公用的井台上洗手时认识的，两人一见钟情。旷继勋是个刻苦读书的穷学生，邓白玉是个勤劳朴实的采桑女。两人认识后，总有说不完的话。

旷继勋常常给邓白玉讲从老师那里听来的道理，讲发生在城市里的故事，什么孙中山革命，袁世凯窃国，邓白玉听得津津有味。

邓白玉常常给旷继勋讲一些自己家里的故事，介绍养蚕缫丝的知识："你知道吗？上等丝织品要在雪中缫，在雪中纺。有了雪，丝绸穿在身上才特凉特爽。"

邓白玉清脆悦耳的声音，总是回响在旷继勋的耳中。两人情投意合，渐渐产生了依恋之情。

为了他们的婚礼，旷家倾尽了钱囊。在旷家小院摆了三天酒宴，在当时的小镇来说可谓相当隆重了。来吃席的人很多，甚至有旷家不认识的人。

然而，好男儿志在四方，旷继勋立志要向孙中山学习，拯救中华民族，为贫苦百姓做一些有益的事。

1916 年，旷继勋应召入伍，到四川当兵去了。

由于旷继勋刻苦学习军事技术，作战机智勇敢，不久便从一个普通士兵升任排长、连长、营长等职。

不久，五四运动的浪潮席卷全国，三民主义、社会主义等一些进步思想开始在部队中传播。旷继勋利用这一有利时机，认真阅读进步书刊。

不久，旷继勋和他的同僚好友都升任团长。

当了团长，大多数人开始军阀化了。旷继勋慷慨激昂地表示："我要为百姓做官，为百姓打仗，决不军阀化。"

▽ 五四运动中游行队伍向天安门进发

秘密入党

（31 岁）

1926 年 7 月，广东国民政府誓师北伐的消息传到四川，四川人民在中共重庆地方执行委员会和国民党临时四川省党部的领导下，掀起了支援北伐革命的高潮。

北伐的主战场虽然在长江中下游的两湖等地和江浙一带，但长江上游的四川也成为北伐战略部署上的重要地区。四川军阀势力一向强大，拥有军队二十余万人，特别是驻扎长江上游和中游交界处的万县地区的军阀杨森，和北伐军的死对头吴佩孚有非常密切的关系。其他四川军阀也都摇摆不定，观望是他们的最基本的策略。北伐军能否沿长江流域胜利发展，四川军阀的向背有着不可忽视的作用。

早在1926年1月，参加国民党第二次代表大会的四川代表吴玉章就提醒国民党中央要特别注意四川问题。国民党左派人士邓演达也曾多次向中共重庆地委书记杨闇公提出，希望共产党要负责这方面的工作。

杨闇公等在参加国民党“二大”后，即以国民党临时省党部的名义，积极从事争取和策动川军投入国民革命的工作，以减轻四川军阀对北伐革命军的压力，同时也为四川革命运动营造一个良好的政治环境。

在中共四川各级组织的领导下，四川各地的工农革命运动进一步高涨起来。当北伐战争胜利进军之际，中共重庆地委又派人到川西驻军中开展军运工作。

川西彭县、崇宁两县的驻军属邓锡侯江防军第二师黄隐部，当时旷继勋正在黄隐部担任旅长。他早就倾向革命，赞成孙中山的革命主张，拥护国共合作。

△ 邓锡侯

1925 年夏，旷继勋得知广东黄埔军校中的“青年军人联合会”是由共产党员为核心组成的，其革命性和战斗性在广东有很大的影响，便决意走黄埔军校的革命道路，建立一个类似的组织。经筹备后，旷继勋于 1925 年 8 月在军队中建立起“青年军人联合会四川分会”，由旷继勋等七人担任执行委员。

分会成立后，旷继勋要求在进步的官兵中发展会员。这个组织表面上是为了提高官兵的文化水平，实际上是组织大家学习进步书刊，讨论时事政治，破除军队旧习。在部队的管理上也由执行委员会负责处理，使部队出现了平等友爱的新气象。随后，执行委员会派旷继勋手下的营长钟克容赴广东与国民政府联系，同时寻找共产党的组织，准备请共产党人到部队来工作。

到广东后，钟克容向国民政府汇报了旷继勋旅的情况，同时找到了共产党组织，向党组织汇报了四川彭县等地驻军的情况。钟克容还在广东加入了中国共产党。

国共合作的临时省党部在重庆建立后，旷继勋立即和它取得联系，并在其指导下进一步开展工作。

国民党左派组织在旷继勋旅建立后，开始实施训练干部和士兵的工作。创办军官研究所，安排下级军官一百五十余人,经过四个月的训练后毕业。办了两个教导队，对士兵进行训练，每队约一百二十余人。军官研究所的政治训练课主要为中国革命史、外交失败史、三民主义、建国方略、各国革命史等；士兵主要学习三民主义、不平等条约、关税问题等。对其中识字能力较弱者赶教识字，识字课本为革命四字经。士兵们在识字过程中不知不觉地受到了革命思想的熏陶，头脑焕然一新。

旷继勋旅建立的国民党左派党部，在四川军阀军队中是第一个，也是唯一的一个。这个情况早已被中共重庆地委所了解，于是派遣刚从武汉同朱德一起到重庆的秦青川以临时省党部特派员的身份到旷继勋旅加强军运工作。

秦青川到达彭县旷继勋旅驻地时，受到进步官兵的热烈欢迎。秦青川首先在部队中正式成立政治部和士兵委员会，他被任命为政治部主任。不久，秦青川和钟克容秘密介绍旷继勋加入中国共产党，直属成都特支领导。

秦青川在旷继勋旅以政治部主任的公开身份，在旷继勋的支持下利用一切机会开展革命的宣传工作，先后到旅属第六团作《谁是我们的敌人？谁是我们的朋友？》的报告，到第五团作《在未来大战中我们应先有的觉悟》的报告。在士兵中，秦青川也加紧开展政治工作。在两个月的时间内，秦青川给官兵作政治时事报告十多场，不断向各级官兵灌输革命理论，宣传革命的光明前途。彭县驻军本身就有很好的革命基础，再加上秦青川的工作，官兵的政治觉悟和革命战斗性得到了空前的提高，涌现出了一批真正的革命志士。他们在部队中禁止吸食鸦片和赌博等恶习，废除对地方老百姓摊派的各种苛捐杂税，取得了很好的成绩。

北伐军攻占武汉后，中共重庆地委为牵制四川军阀进攻武汉，于12月初在泸州和顺庆（今南充）分别发动了以刘伯承担任总指挥的万余川军大起义，旷继勋得知后立即通电响应。

革命生涯

(1927—1933)

一 牛角沟起义

☆☆☆☆☆

（31–34 岁）

1927 年 4 月 12 日，在蒋介石指使下，反动武装在上海血腥屠杀共产党人，制造了四· 一二 反革命政变。

1927 年 7 月 15 日，武汉国民政府主席汪精卫在武汉召开国民党中央“分共”会议，正式决定和中国共产党决裂。

在北伐革命军节节胜利的同时，四川革命运动也在中共重庆地委和国民党四川省党部的领导下迅猛发展起来，各地农民武装革命严重地威胁着封建军阀的政权。于是，一切仇视革命的反动势力秘密地勾结在一起，开始共同对付革命群众。

在革命最困难的时候，旷继勋对共产主义坚信不移。他利用旅长的身份，保护了许多同志，使党组织度过了困难时期。四川省委缺乏活动经费时，他设法提供；党的机关有难时，他设法保护；危害党的敌特横行时，他设法除掉；暴露身份无处藏身的共产党员走投无路时，他在自己的部队里给予安排工作。

△ 中国共产党的优秀党员、著名烈士罗世文雕像

1928 年冬，旷继勋率领部队从广安移驻李家钰的防区——遂宁县射洪咀和蓬安镇一带。旷继勋治军极严，从不扰民。

这时，川军反动将领邓锡侯、黄隐磨刀霍霍，企图整编

△ 邹进贤

旷继勋部，消灭这支革命力量；李家钰也频繁调动军队，虎视眈眈，时刻防备这支红色队伍在他的防地里发动起义。

在这危急存亡之际，旷继勋和旅里的中共党组织决定领导该旅官兵起义，并向中共四川省委作了汇报。中共四川省委经研究后同意起义，特地派罗世文和邹进贤到旷旅与旷继勋一起负责领导起义的工作。

1929 年 6 月初，罗世文、邹进贤赶赴旷旅旅部驻地后，同旷继勋召开会议，制订了起义计划。

会上，大家一致认为时当夏汛，涪江发了大水，再加上遂宁驻军固守防区，不易攻取，因此起义部队应取道蓬溪，经西充、南部、营山、渠县、大竹向川东进军，以便在梁山农民运动配合下渡过长江，进入鄂西与贺龙所部会合；如不能打过长江，则应北上经开江去万源，与王维舟、李家俊的川东游击队会合，再向西去通江、南江、巴中一带开辟川陕根据地。

起义前成立了前敌委员会，邹进贤担任前委书记，罗世文担任党代表，旷继勋担任总指挥，李伯平担任政治委员，王金铬担任参谋长，进行了起义的准备工作，用最短的时间制作了军旗、臂章、帽徽、大印、标语、口号等。

1929 年 6 月 29 日下午 6 时许，旷继勋根据省委的决定和起义计划，以“打野外”为名，指挥全旅四千余名官兵开往蓬溪县大石镇牛角沟召开大会。在会上，旷继勋庄严宣布全旅官兵举行武装起义，树起了“中国工农红军四川第一路军”的大旗，将部队改编为红一师、红二师和先遣师，即刻向蓬溪县城进军。

午夜时分，红军到达距蓬溪县城五华里的双星桥，兵分两路攻打县城：一路由川鄂公路直取南门；一路沿遂蓬古道，经欢喜垭、白塔寺攻取西门。

经过三四个小时的激战，驻防蓬溪县城的李家钰所部边防军尹克诚骑兵团死伤二十余人，余部经北门外跪象山向文井方向狼狈逃窜。

6月30日凌晨，红军解放了蓬溪县城，摘下了国民党蓬溪县指导委员会的牌子，捣毁了衙署机关，没收了县衙大印，烧毁了粮册档案，释放了监狱中的在押政治犯，宣布建立蓬溪县苏维埃政府，以四川省工农革命委员会的名义委任原旅部副官刘汉秋为蓬溪县苏维埃政府委员长。

旷继勋带领红军指战员分别到街头、茶馆、学校开展革命宣传活动，沿街张贴了“工农朋友组织起来暴动”、“打倒地主财东”、“打倒土豪劣绅”、“杀尽贪官污吏”、“建立苏维埃政府”等标语。

△ 旷继勋起义进军示意图

红军纪律严明，无一士兵滋事扰民。百姓奔走相告，蓬溪县里一片欢腾。

为了进军的需要，红军和县苏维埃政府召集富商士绅，筹集了军饷和布匹。

7月1日，旷继勋按原计划指挥红军告别蓬溪，向南充、西充、南部等县进军。他们每到一处就打土豪，分浮财，深受劳苦大众的欢迎。

7月4日，红军解放南部重镇新政县，宣布建立了新政县苏维埃政府。

7月6日，红军继续向营山、渠县、梁平、大竹方向进军。

由于四川军阀刘存厚等调集重兵阻击，红军无法按原计划打过长江与贺龙所部会师，于是北上向开江、达县、万源方向进发。

7月下旬，起义部队在达县境内被军阀部队击溃。

起义失败后，少数人历尽艰辛去了鄂西；部分党员干部转到地方工作；有的到军阀部队继续从事兵运工作，成为革命骨干。中共四川省委决定送旷继勋去苏联学习。

这年8月底，旷继勋途经上海时，被周恩来留在上海参加特科工作。

旷旅起义是在中共四川省委直接领导下进行的一次震惊全川的革命武装行动，起义后四川各地纷纷响应。

这次起义历时月余，涉及12个县，从川中转战到川东北，行程一千多华里，先后建立了蓬溪和新政两个在四川乃至西南地区最早的县级苏维埃政府。

这次起义打破了白色恐怖，震撼了军阀的黑暗统治，极大地激励了全川人民，对四川革命形势的发展起了巨大的推动作用，对鄂西根据地的开拓起了支援与配合作用，在四川播下了革命火种，产生了深远的政治影响。

中央特科

☆☆☆☆☆

（34岁）

在国民党军特务和帝国主义巡捕云集的上海，党中央机关要长期隐蔽下来并开展工作，就必须加强中央的保卫力量，必须完善党的各项保卫工作，否则在险恶的白色恐怖中，党中央机关是无法生存下去的。

周恩来受中央委托，着手对中央的保卫机构加以整顿，组建了一支强有力的保卫队伍——中央特科。

此后，在白色恐怖之下保卫中共中央的重担就落在了中央特科的肩上。

中央特科的任务非常明确，就是保卫中央领导机关，了解和掌握敌人的动向，向苏区通报敌情，营救被捕的同志，惩治叛徒。

中央特科成立之初，举办了几期训练班，培训特科人员从事秘密工作的专门知识和技术。

训练班每期 20 天，绝大部分特科人员先后参加了培训。周恩来向学员作了多次报告，陈赓等人则把在苏联学到的侦破、审讯、爆破、秘密联络等技术向学员作了详细的讲解。

中央特科下设总务、情报、行动、交通四个科。平时，各科既分工明确，各司其职，又互相配合，为中共中央提供安全保卫。

总务科负责为中央布置秘密机关和联络点，置办各种必要的家具和办公用品。每当中央在上海举行重要会议时，总务科要负责安排会场。此外，总务科还要为中央机关筹集经费，并且利用各种社会关系出面以合法方式营救被捕的同志。此外，党中央机关的日常大小杂务全部由总务科负责。

情报科的任务是掌握敌人动向，以便抢在敌人动手之前采取行动，以保障中央机关和党领导的安全。向苏区通报军事情报也是情报科的职责。情报科人员必须利用错综复杂的社会关系，采取打进去拉出来的办法，或打入敌特机关内部，或在敌特机关发展内线。

行动科以“红队”著称，红队即“红色恐怖队”的简称。在特科内部，红队又称“打狗队”，其主要职能就是镇压叛徒。当时，对党组织威胁最大的莫过于党内的叛徒。大革命失败后，面对严酷的白色恐怖，党内不少投机分子纷纷退党，其中一些人叛变投敌，出卖组织，不惜用同志的头颅作为自己的进身之阶。中国共产党的许多早期著名领导人就是由于叛徒告密而被捕牺牲的。通常，由情报科提供关于叛徒的情报，处决叛徒则由红队执行。红队是一支精锐的小型武装部队，成员主要来自大革命时期工人纠察队的骨干，参加过上海工人武装起义；还有些来自北伐军，有过战斗经历，其中不少人是神枪手。除了惩治叛徒，红队还要与情报科配合，保证中央重要会议的安全。一旦被选为红队成员，首先要熟悉各种枪支的使用方法。为了练就百发百中的枪法，红队成员常常坐船出海，到吴淞口外的海面上去练习打靶。到 1929 年下半年，红队已有四十多名行动队员，每人都是神枪手，都会驾驶汽车。他们的装备除了各种型号的手枪外，还有化学手榴弹。这种手榴弹可以使人流泪，睁不开眼，使用时要带一种特制眼镜，以免自己受到影响。红队行动时，如遇敌人追击，便扔出这种手榴弹阻滞敌人。红队还可以从外面调动武器，甚至调来机枪。因为中央特科的情报科与国民党驻浦东炮兵营有联系，必要时可以直接从外国洋行购买枪支。

交通科最初的职责是负责秘密的交通联络，以及护送党的领导人进入苏区。从 1928 年起，交通科主要负责建立和管理秘密无线电台，沟通中共中央与共产国际以及和各苏区之间的通讯联络。后来，这个科改为无线电通讯科。

在彭湃被捕的当天下午，中央特科的情报科就通过内线查明，出卖彭湃等人的叛徒是中央军委秘书白鑫。

白鑫作为军委秘书，对中央军委和江苏省军委的情况非常熟悉。他想将中央军委和江苏省军委作为一份厚礼献给国民党，以换取巨额奖金，并作为今后飞黄腾达的垫脚石。

△ 旧上海街头

1929 年 8 月 24 日这天，中央军委在上海沪西区新闸路 613 弄经远里 12 号二楼白鑫的家里开会。上海巡捕房的巡捕得到白鑫密报后，冲入房间，按名捕人。为了掩人耳目，在逮捕彭湃等人的同时，故意将白鑫夫妇一起带走。

白鑫得了一大笔赏钱后，终日心惊肉跳，坐卧不安。他自知罪大恶极，中央特科是绝对饶不了他的。于是，他急忙躲进上海国民党特务头子范争波的公馆里，准备偷偷出国。

如果让出卖彭湃的叛徒逍遥法外，不仅难以告慰烈士英灵，而且还会继续给党的秘密组织造成威胁。

1929 年 8 月，四川牛角沟起义失败后，旷继勋辗转来到上海。

四川省委原打算派旷继勋到苏联去学习，但党中央鉴于党的机关经常遭到国民党特务机关和青帮歹徒的破坏，经周恩来提议，决定让旷继勋参加红队，严惩敌人。旷继勋主要负责处置叛徒白鑫和上海青帮头子黄金荣。

11 月 11 日，白鑫出国这天，范争波公馆里总有人进进出出，显得非常忙碌。范家的用人从外面买回许多水果，送给白鑫带着路上吃。这天晚上，躲了几个月的白鑫终于在范公馆门口出现了。在夜幕掩护下，白鑫在范争波及弟弟和几名保镖陪同下悄悄向汽车走去。送白鑫去码头的汽车就停在距公馆门口不远的地方。

白鑫面无血色，战战兢兢，极度紧张，恐惧和兴奋使他几乎无法自持。

几个月来，白鑫整天提心吊胆，过着人不人鬼不鬼的生活，他想：这样的日子就要结束了，只要车到码头，船一开就可以远走高飞了。

白鑫见到接他的汽车，不由得加快了脚步，恨不得一步跨上车去。不料，车门刚刚拉开，正要俯身上车时，突然一声“不许动！”白鑫浑身一抖，顿时惊呆了：七八个人影像从地下冒出来一样从四周包围上来，黑洞洞的枪口直指白鑫等人。

红队在这里已经等候多时，不等范争波的保镖掏枪，红队就开火了。一名保镖应声栽倒在地，白鑫等人立即四下逃窜。白鑫一边向范公馆大门狂奔，一边拔枪企图抵抗。几名红队队员在后面紧追不舍，旷继勋手疾眼快，一枪击中白鑫。红队队员冲上去，又是几梭子子弹，叛徒白鑫当场毙命。特务头子范争波和另一名保镖受伤倒地，范争波的弟弟也当场毙命。

红队迅速撤离现场，一名路过的巡捕开枪栏截，立刻被迎面而来的子弹扫倒在地。

旷继勋机智勇敢，武艺超群，有双手打枪的绝技。他不但打死了叛徒白鑫，不久以后还打伤了青帮头子黄金荣。黄金荣吓破了胆，连忙声明与共产党从此井水不犯河水。

旷继勋沉重地打击了叛徒、特务和青帮流氓的反动气焰，为保卫党中央机关的安全立了大功。

红六军军长

☆☆☆☆☆

（35 岁）

1929 年冬，党中央鉴于旷继勋能力过人，为了充分发挥他的才能，特地派他到湖北江陵、当阳等地去搞兵运工作。

经过艰苦的努力，旷继勋很快策动三个连的白军士兵响应起义，进入洪湖地区参加了红军。

荆江两岸的沔阳、监利、潜江、公安、石首、华容、南县一带，在大革命期间曾成立农民协会，开展打土豪、减租减息的斗争。1927 年大革命失败后，这里的革命运动沉寂下来。

1929 年初春，石首县的农民运动在党的领导下又掀起了新的高潮，华容、公安等县的农民也行动起来了。

不久，四川军阀杨森派三千士兵来石首等县清乡，将农会破坏。他们抓住参加过农会的农民后，轻则打伤，重则打死。豪绅地主趁机反水，和白军一道奸杀抢掠，到处搜捕农会干部，并趁机建立县、区、乡、镇各级地主武装团防。于是，白色恐怖又降到了革命人民的头上。

这年秋收后，江南江北大小乡镇的地主豪绅组成了层层团防网，反动势力越来越猖獗，党的活动更加困难了。

石首县苏维埃筹备处决定开展武装斗争，夺取团防的武器来装备自己。于是，他们成立了游击小组，进行夺枪斗争。

1929 年底，石首成立了游击中队，发展到二三百人后，又扩编为游击大队。大队长段书甲开展游击战争，打破了嚣张一时的团防网，使石首、公安、华容等县的大部分地区变成了苏区。

在江南游击纵队成长的同时，江北的监利、沔阳、潜江等地的农民武装也纷纷组织起来，在段德昌的领导下，活动于洪湖的峰口、小沙河、白罗集、新堤一带，渐渐由一个中队发展到三四百人，成立了中国工农红军游击大队。

1930年春节，段书甲带领部队到监利县与段德昌带领的游击队会师，成立了中国工农红军第六军，旷继勋出任红六军军长。此时，洪湖、洞庭一带的武装斗争走上了一个新的阶段。

△ 贺龙

1930年7月4日，贺龙指挥的红四军与旷继勋指挥的红六军在公安县城胜利会师，成立了红二军团。贺龙出任军团总指挥兼红二军军长，旷继勋仍任红六军军长。

红二军团成立后，贺龙召集众将，商议出兵攻打白极会的事。

会上，贺龙说："白极会这帮匪徒穷凶极恶，专与我红军作对。我想先把白极会除掉，然后再进兵监利，拔掉李云龙这颗钉子。这样，我们在洪湖边就能站稳脚了。”

政治委员周逸群说：“白极会是一个极其残忍的帮会，谁都拿它没办法。民国后，他们又同国民党勾勾搭搭，专干坑害百姓的勾当。这个帮会组织严密，大多是亡命之徒。我们要与他们开战，务必小心谨慎。”

贺龙说：“白极会有奶便是娘，谁给他们钱，他们便跟谁走。这种人心中只有钱，是成不了大事的。”

旷继勋说：“我在四川时，与这种帮会打过交道。他们把钱看得比什么都重，常常为钱财相互残杀，到了不择手段的地步，其残忍程度让我们这些上战场打仗的人都感到吃惊。”

副军长段德昌说：“这些人虽然穷凶极恶，却极怕死。有一回我在沔阳捉住一个白极会小头目，听说我要杀他，当场就吓昏了。这帮人能成什么气候？”

周逸群说：“这些人虽然没有孤胆，但他们一旦凑到一起，也是很难对付的，我们还是小心为好。”

贺龙说：“这样吧，旷军长亲率本部兵马直捣白极会老巢；逸群，你率军策应。除掉白极会后，咱们再回头收拾李云龙。这次出兵是我军会师后的第一仗，无论如何要打好。”

会后，众将连夜分头准备去了。

白极会会主胡成先是湖北仙桃县人，祖辈几代都是白极会会主，搜刮了好大一份家业。这天，胡成先听说贺龙派了两支队伍向他杀来，便身穿麻衣，脚蹬麻鞋，披头散发，满面涂红抹绿，指挥众喽啰迎战。

旷继勋有意骄敌，让部下稍作抵抗便佯输诈败，后退十里构筑工事，暗中命令王一鸣率军绕至敌军左侧，许光达率军绕至敌军右侧，单等胡成先驱兵到来，三路人马好从三面围歼他们。

不多时，胡成先率兵一头扎进旷继勋布置好的埋伏圈内。只听一声枪响，左右两侧伏兵杀出，正面旷继勋也率军像猛虎下山一样杀了过来。

胡成先阵势大乱，不多时便被截为几段。胡成先一看大事不好，急令撤退。旷继勋指挥三路大军如砍瓜切菜一般，一直杀到天黑。

胡成先丢下了几百死尸，一千多支快枪，向仙桃县老巢逃去。

旷继勋亲率红军穷追猛打，一直打到仙桃县。当夜攻克仙桃县，活捉了胡成先。

不久，旷继勋率红六军攻占华容县城，全歼守城民团，接连解放了石首、南县、安乡、津市、石门、公安等县，在荆江南北开辟了大片根据地。

红四军军长

☆☆☆☆☆

（35-36 岁）

1930 年 12 月，旷继勋奉中央之命赴鄂豫皖根据地工作，出任红四军军长。

鄂豫皖位于湖北、河南、安徽三省交界处，主要为大别山地区。那里交通不便，经济欠发达。土地革命时期，那里成立了有名的鄂豫皖革命根据地，主要包括湖北的英山、罗田、红安、麻城、浠水、蕲春、黄梅，安徽的太湖、金寨、霍山，河南的新县、商城、潢川、光山、罗山等地。

鄂豫皖苏区的工农武装割据形成时

△ 中共中央鄂豫皖分局旧址

间较早，规模较大，坚持时间较久，革命斗争的经验相当丰富，是仅次于中央苏区的革命根据地。

1927 年大革命失败后，鄂豫皖地区的革命形势和全国一样，暂时处于低潮。但是，受压迫、受剥削的劳苦大众在共产党的领导下仍要继续革命。这时，中国革命的唯一出路是在农村发动农民暴动，建立红色政权，扩大工农武装，实行武装割据，以农村包围城市，最后夺取城市，争取全国革命的胜利。

为了反抗国民党反动派的屠杀政策，挽救革命，挽救党，中共中央临时政治局于1927年8月7日在汉口召开紧急会议。毛泽东在会上提出了“枪杆子里面出政权”的著名论断。接着，他受中央委托，与中共湖南省委一起领导了湘赣边界的秋收起义，进军井冈山，开辟革命根据地，把武装斗争、土地革命和红色政权紧密地结合在一起，形成了工农武装割据的新局面，为全国革命形势的发展打开了一条出路，对鄂豫皖工农武装割据的形成和发展起了积极的促进作用。

1930年夏秋之交，在李立三“左”倾错误路线的指挥下，鄂豫皖苏区总暴动失败了。

1930年7月23日，共产国际作出决议，要求中共立即停止在各地执行李立三的冒险计划。不久，瞿秋白、周恩来受命回国。9月24日，中共中央六届三中全会召开，改选了中央政治局，瞿秋白、周恩来二人成为中

△ 周恩来

△ 瞿秋白

共的实际领导，李立三被调离中央领导岗位。

10月，中共中央确定了全国六大苏区，鄂豫皖苏区名列其中。为了有效地领导鄂豫皖苏区的斗争，中共中央派曾中生前往大别山，担任鄂豫皖特委书记兼军委主席。

1930年11月28日，曾中生到了大别山。

曾中生，原名曾钟圣，湖南资兴人，1900年生，1925年入党，黄埔军校四期毕业生。

曾中生参加过北伐。大革命失败后赴莫

斯科中山大学学习，参加过中共“六大”，回国后出任中央军事部参谋科科长和南京市委书记，是一位军政兼优的青年革命家。

为了纠正“立三路线”对鄂豫皖苏区的影响，曾中生被中央政治局任命为鄂豫皖的最高负责人。

到鄂豫皖苏区的第二天，曾中生在樊家村主持特委紧急扩大会议，传达了三中全会

▽ 红四军司令部旧址中兴堂

精神和中央有关鄂豫皖苏区工作的指示，着手部署大别山西侧的反“围剿”工作：紧急动员鄂豫皖苏区全体民众实行坚壁清野，不给敌人留下一粒粮、一口水井；将所有的地方武装组织起来，展开广泛的游击战争，村自为战，区自为战，县自为战，对敌人进行昼夜不停的袭扰和伏击。让白军进苏区后吃不上饭，喝不到水，睡不成觉。这样，红军一小股一小股地消灭敌人，积小胜为大胜，从精神上打败他们，令其兵无战心，自行撤回。

不久，蒋介石动员八个师又三个旅对鄂豫皖苏区进行的第一次全面“围剿”彻底失败了。

福田河一战，红军歼敌数百人，打了大胜仗，鄂豫皖苏区的红十五军同红一军胜利会师，合编为红四军。

中央为了加强鄂豫皖根据地的军事实力，特地派旷继勋到鄂豫皖担任红四军军长。

红四军全军一万二千五百多人，由中共鄂豫皖临时特委直接领导。红四军政委余笃三，参谋长徐向前，政治部主任曹大骏。全军合编为两个师，红十师师长蔡申熙，政委陈奇，副师长刘英；红十一师师长许继慎，政委庞永俊，副师长周维炯。每师各辖三个团。留在皖西的第七团改编

△ 1931年4月，鄂豫皖根据地赤卫队缴获的敌人飞机，后命名为“列宁号”，曾配合红军参加过黄安战斗。

为军属独立团。这次改编加强了党对红军的领导，改善了军队与地方党的关系，增强了反“围剿”的战斗力。

1931年2月初，鄂豫皖临时特委在黄安召开扩大会议，进一步清算李立三“左”倾错误在鄂豫皖根据地的危害，讨论特区政治、经济形势、反“围剿”斗争、党务工作、土地革命、工运、农运及财政经济问题，并做出了相应的决定。正式组成鄂豫皖特委和鄂豫皖革命军事委员会，军委下设参谋部、政治部、经理处、后方医院和红军学校。

从此，开始了特委书记兼军委主席曾中生、新任红四军军长旷继勋领导鄂豫皖红军的辉煌时代。

 磨角楼之战

☆☆☆☆☆

（36岁）

红四军成立后，曾中生与旷继勋、余笃三、徐向前一起研究作战计划。

经过第一次反“围剿”，包围在苏区四周的敌人虽已转入守势，但在鄂豫边和皖西苏区之间，敌人仍占有黄安、麻城等大小城镇，将统一的鄂豫皖根据地分割成互不相连的两大块。

曾中生决定红四军趁敌人第二次“围

剿”尚未开始时，全力转入内线进攻，肃清两大块根据地之间的敌人，把根据地连起来。他把这一作战设想称为“拔钉子”。

红四军内线进攻的第一个目标是麻城北部地区的磨角楼，此地恰好在鄂东北苏区和皖西苏区之间的路上。这里驻有夏斗寅部的一个营，反共态度十分坚决，经常残杀苏区军民。

△ 红四师参谋长徐向前

在一个月黑风高的夜晚，旷继勋率红十一师两个团来到磨角楼，将敌人团团包围，于拂晓前发起了猛攻。

红四军参谋长徐向前率领红十师三个团外加红十一师三十一团，前往磨角楼与麻城之间的骑龙铺一线，占据险要山头，向麻城方向警戒，待机打援并准备攻取麻城。

磨角楼地处鄂豫皖两大苏区之间，为防我军突袭，敌人多年来在这里大兴土木，建了里外三层防御工事。

这天拂晓，旷继勋的两个团突袭未能成功，被迫转入强攻。旷继勋亲自赶到火线上，手提短枪指挥一个团从东面向敌人冲击，令红十一师师长许继慎率另一个团从西面发起强攻。

守敌被四面包围，无法出逃，只得拼死与红军做困兽之斗。敌人营长令人将数挺机枪架在寨墙上，向奋勇冲锋的红军官兵疯狂扫射。红军战士一次次冲上去，又一次次被打回来，牺牲了不少官兵。

激烈的战斗一直进行了两天，磨角楼仍然未能攻克。红十一师的两个团已失去战斗力，旷继勋大喊道："传我的命令，从参谋长那里调一个团来加入战斗！"

红三十一团被调来投入攻击，旷继勋亲自率领这个团强攻。一天的战斗打下来，磨角楼仍在敌人手中。

旷继勋红着眼睛吼道："再调一个团来！我就不信打不下一个小小的堡寨！"

于是，红十师的一个团又被调来加入磨角楼之战。

旷继勋把四个红军团的团长叫到军指挥所，命令他们率领自己的部队轮番发起强攻。磨角楼内外终日硝烟弥漫，杀声震天。

驻守麻城的是夏斗寅第十三师副师长朱怀冰。他接到红军猛攻磨角楼的情报后，急率四个团出麻城北援。

这时，徐向前手里能用于打援的兵力只剩下两个团了。他和红十师师长蔡申熙带领红十师的这两个团在骑龙铺一线据险而守，顽强地阻击朱怀冰部，一直坚持了三天，保证了磨角楼攻坚战的胜利。

在旷继勋的指挥下，最后终于拔掉了插在鄂豫边苏区与皖西苏区之间的这颗大钉子。

新集攻坚战

（36岁）

红四军下一个进攻目标是新集。

新集是大别山金三角腹地的一座山城，地处湖北、河南两省交界处，南下麻城、黄安可直通武汉，东经商城可到达六安、合肥，北上可达淮河之滨，西连平汉铁路，三面环山，小潢河穿城而过，是个风景美丽的历史名城。

新集城内方圆数里，城墙高两丈，厚七尺，全部用青石条垒成，迫击炮弹打在上面只能留下一个白印。

驻守新集城的并非国民党正规军，

而是周围丧失土地和家产，与共产党有不共戴天之仇的地主组织起来的武装。

为铲除这座反共巢穴，红军曾两次攻打新集，但都因守敌过多，城坚难破而受挫。地主头子声称：“新集城防固若金汤，赤匪再来也只能送死罢了！”

曾中生、旷继勋决心拔掉这颗大钉子，将它作为鄂豫皖苏区政府所在地。

磨角楼战役刚刚进入尾声，王树声的红三十团就被派往新集，将其团团围住。

红军的动向引起了敌人的警觉，敌酋陈礼门、关少甫下令把城外五百米以内的民房全部烧毁，不给红军留下攻城的掩蔽物；又把镇内所有青壮年男子一律编入守城队，固定每人在城墙上的位置，日夜站岗放哨，连大小便也要请假，如发现有人擅自离岗，立即杀掉他的全部家属。

旷继勋令红十师攻打新集，令许继慎率领十一师部署于新集以北的泼陂河，准备伏击由光山出援的敌人。

红军只有几门迫击炮，没有其他重武器，对于青石垒成的新集城墙无可奈何。红三十团团长王树声、政委戴克敏决定爬城强攻。

农历腊月十五日清晨，新集攻坚战打响了。

△ 王树声

王树声手提短枪，背插大刀，大声命令道：“机枪掩护！一营准备好云梯，给我上！”

几挺机枪同时响起来，一营的第一支突击队高声呐喊着，抬着一架架云梯，奋勇地越过城外500米的开阔地向城墙根冲去。

敌人一颗颗土炮弹拖着白烟，从城头向攻城的红军战士打下来，接着是密集的弹雨。冲在最前面的红军战士纷纷被击中，连同肩上的云梯一起倒下来。

王树声怒吼道：“第二突击队，上！”

一营第二支突击队冒着弹雨冲进开阔地，拾起战友们扔下的云梯冲向城墙。

王树声叫道：“机枪，给我狠狠地打！”

全团的机枪都被调到这个突击点上，十几条火舌吐出火焰，喷向城头的敌人。在激烈的对射中，云梯终于靠在城墙上竖起来。

一名红军战士口衔大刀，赤着双臂向上攀去。

王树声瞪大眼睛望着这位勇士。

城头上，敌人发现了云梯，惊呼起来："打呀！有人上来了，快放滚木礌石！"

一排滚木礌石打下来，云梯被打断，登城的勇士牺牲在城墙下。

红三十团的第二次进攻又告失败，军参谋长徐向前、红十师师长蔡申熙来到红三十团指挥所。

王树声已经打红了眼，大吼道："第三突击队，跟我上！"

他高举大刀，冲出指挥所，投入第三次冲击。

但是，他亲自参加的这次攻击也未能奏效，敌人用密集的火力和滚木礌石将红军打退了。

蔡申熙焦急地对徐向前说："参谋长，不能这么打了！这样死打硬拼，红十师伤亡太大了！"

徐向前果断地说："王树声，停止进攻！"

徐向前匆匆赶回红四军指挥所，向旷继勋提出建议：

“得想个别的法子，这么打下去，把部队拼光了也不一定能破城！”

旷继勋是一员有名的虎将，身经百战的他认为没有任何一座城池不能靠军人的猛打猛冲拿下来。他对徐向前说：“让三十团重新组织一下，明天继续攻城！”

红三十团又攻了几天，仍然无法登城。旷继勋下令说：“暂停攻击，另想破敌之策。”

徐向前、蔡申熙匆匆赶到红三十团指挥所，召开红十师各团指挥员会议，要求大家献计献策。

戴克敏说：“敌人赖以坚守的是城墙。要是能把城墙弄出一个口子，敌人就完了！”

王树声一拍脑门，跳起来说：“对，挖坑道！从地下挖一条坑道，一直挖到城墙底下，放上几百斤炸药，把城墙炸开！”

徐向前说：“这个办法好！”

徐向前将此事报告给旷继勋，旷继勋同意了。但他还做了另一手准备：万一此招不灵，就在军部直属队里选拔精壮的战士组成奋勇队，代替红三十团攻城！

新集城外，王树声令一营佯攻，掩护二、三营开挖坑道，昼夜不息。

由于没有经验，第一条坑道挖得离地表较近，方向也不准确。五天后，一条四五十米的坑道延伸到城墙根时，偏巧遇上了一座茅厕，轰隆一声，坑道顶部塌陷，茅厕里的屎尿倒灌下来。

城墙上的敌人听到下面有响声，立刻将滚木礌石推下来。于是，这条辛辛苦苦挖成的坑道只好报废了。

王树声下令道："再挖一条！这次挖深点儿，挖一段就打上桩子，撑上木板，别再塌下来！"

战士们说："坑道里黑糊糊的，很难保证正确的方向。"

王树声报请徐向前，将全军所有的手电筒都集中起来，解决了坑道里的照明问题。

在红四军指挥所里，旷继勋命令军参谋主任范时纶将军部手枪队、交通队集合起来。他亲自走到队伍前面说："三十团还未将新集拿下来，我决定在军部组织一个奋勇队前去破城，愿参加者出列！"

战士纷纷出列，一支奋勇队组成了，每人发给一支短枪、一把大刀。

旷继勋说："回去做好准备，随时听命令去三十团，一定要把新集拿下来！"

△ 蔡申熙

军部成立奋勇队的消息传到红三十团后，全团官兵认为这是本团的奇耻大辱，于是坑道作业速度大大加快了。

又过了一天，长长的坑道终于挖成，一只巨大的杉木红漆棺材被推进坑道，一直推到城墙根的下面。棺材里面满满地塞进了数百斤黑色炸药和砸碎的铁砣，外面用大铁钉牢牢钉死。

坑道爆破准备就绪，军参谋主任范时纶也将军长组织的奋勇队带到了城下。

这天下午5时，听说红三十团要实施坑道爆破了，旷继勋、余笃三、徐向前、蔡申熙一起来到该团指挥所。

王树声问道："军长，可以开始了吗？"

旷继勋说："开始吧！"

一根长长的土造导火索被点燃，轰的一声巨响，一道黑色烟柱在新集北门冲天而起，城墙被炸开一道丈把宽的豁口。

烟柱刚起时，王树声就已经率领三十团冲上去了。

接着，范时纶也带领军部奋勇队一拥而上。

敌酋陈礼门、关少甫听说北门被攻破，急令豁口两侧守敌向冲进城的红军发起反攻。一时间，敌我双方大刀挥舞，寒光闪闪，血肉横飞，喊杀声惊天动地。

红三十团和军部奋勇队经过勇猛冲杀，将反扑的敌人击退，杀进城内，与残敌展开激烈的巷战。

红二十八、二十九团从城南、城西发起强攻，冒着滚木礌石奋勇攀上城墙，冲进城内，和敌人展开了肉搏战！

三小时后，除敌酋陈礼门带少数亲信从东门逃走外，城内敌人全部被歼。

新集解放了，从根据地逃来的地主豪绅全部被捕。

鄂豫边苏区最大一颗钉子被拔掉，光山、商城、皖西之间的通道被完全打通，鄂豫皖苏区从大别山北部连成了一片。

从此，新集成了鄂豫皖苏区苏维埃政府所在地。

西出平汉路

☆☆☆☆☆

（36岁）

1931年2月中旬，蒋介石集中重兵第二次“围剿”江西苏区，平汉路南段兵力空虚了。

中共中央紧急指示曾中生、旷继勋率红四军西出平汉路，打击敌人，支援中央苏区的反“围剿”斗争。

新集之战后，红四军经过短暂休整，

又大踏步西进了。

旷继勋、余笃三率军部和红十师由新集出发，许继慎、庞永俊率红十一师从新集以北泼陂河出发，穿越光山南部重峦叠嶂的九山十八寨，于3月1日拂晓悄悄进入豫南武胜关东侧的三里畈。

这时，天空突然乌云密布，北风怒吼，雨雪交加。

当晚，一个浑身是雪的铁路工人来到军部说："同志，我要找领导，有重要情况报告！"

旷继勋说："有话请讲，我是旷继勋。"

来人报告说："军长同志，我是李家集车站党组织派来的。信阳车站刚刚传话来说，明天下午有一趟兵车从那里向南开，经过我们车站。"

旷继勋和余笃三、徐向前商量后，决定打兵车。

旷继勋对红三十三团团长周维炯说："维炯，快率三十三团占领李家集车站，尽量不要打枪，严格控制车站人员，等兵车来了就将它搞掉！"

周维炯挺胸回答说："是！"

红三十三团由铁路工人带领，冒雪向李家集车站跑步前进。李家集是个小站，位于武胜关以南，没有敌人防守，三十三团很快占领了车站。

周维炯走后，旷继勋又派军部随营军校政委刘杞带领特务队三十多人前去支援，任务是赶在敌兵车到来之前将车站南段的铁轨拆掉。

在李家集车站调度室里，周维炯一直等待从信阳车站传来的发车通知。下午 3 时，电话铃声响起来。周维炯拿起电话，对面说："喂喂，是李家集车站吗？"

周维炯回答说："是的。"

对面说："我是信阳车站调度室。兵车现在发出，7 点钟到达你处，立即做好接车准备！"

周维炯回答说："明白！"

刘杞动员车站工人和特务队员一起，将车站南面的一段铁轨拆除了。

周维炯命令全团战士在车站内埋伏下来，做好战斗准备。

大雪一直下个不停。晚 7 时，兵车大声

吼叫着驶进李家集车站。

周维炯大喊一声：“打！”

埋伏在铁轨两侧的红军战士一齐开火，子弹密集地向车厢飞去。兵车司机不知道出了什么事，急忙停下来。

红三十三团指战员一个冲锋，将兵车一节节包围，敲开车门，登上车厢，喝道：“不许动，举起手来！我们是红军，缴枪不杀！”

在中间的车厢里，一个少将敌军官刚要反抗，就被手疾眼快的红军战士一枪击毙了。

一个战士喝道：“你们被包围了，快下车投降！红军保证你们的生命安全！”

白军官兵自动排成队，从车厢里走下来，将武器放在站台上。

十几分钟后，战斗结束，周维炯把一名中校军官叫到面前问：“你们是哪一部分的？”

中校回答道：“报告长官，我们是新编第十二师的！”

周维炯又问道：“刚才打死的少将是谁？”

中校回答道："是我们的旅长侯镇华！"

这是个两团制的旅，正向江西中央苏区开拔，在半路上就做了俘虏。

周维炯灵机一动，计上心来，又在车站以侯镇华的名义打电话给敌人武汉绥靖公署说："我们路遇红军，请火速派兵增援。"

第二天下午，果然有敌兵增援，一个手枪营全部做了红军的俘虏。

西出平汉路第一仗，红三十三团就缴枪两千多支，还有几车皮军用物资。周维炯动员群众上千人，用了一个小时才将军用物资搬完。

活捉岳维峻

☆☆☆☆☆

（36岁）

1931年春，在毛泽东的指挥下，中央苏区粉碎了蒋介石的第一次“围剿”，活捉了敌师长张辉瓒；与此同时，鄂豫皖苏区也活捉了敌三十四师师长岳维峻。

红四军西出平汉路后，国民党郑州绥靖公署主任刘峙和武汉绥靖公署主任何成浚怕蒋介石斥责，急令赵观涛第六师十八旅、张印相三十一师九十一旅、张钫二十路军六十旅开赴豫南信阳、罗山一线，南北两军以武胜关为汇合点，要寻找红四军决战。

在张印相三十一师的背后，岳维峻三十四师也从孝感沿平汉路东侧向北推进，参与围剿红四军。

这时，曾中生、旷继勋正在密切注视敌人的动向。

3月4日，其他敌人还未出动时，岳维峻就率领师部、两个旅部和三个团由孝感向北进发，经花园镇进占小河溪。

8日，岳部进抵大悟山以北、广水以东、九里关以南的双桥镇。

双桥镇四面环山，涢水由北向南流经镇东。岳维峻到这里后，命令部队在镇的四周构筑环形防御工事，不再前进。由于广水、信阳之敌迟迟未动，岳部的位置就孤立和突出起来。

这时，红四军正在武胜关东的三里城秘密待机，军部特务队迅速将这一情报上报旷继勋。

旷继勋说："这个岳维峻真是可恶！别人尚未出动，他来得倒快，咱们就先打他！"

当夜，旷继勋命令部队冒雨分路向双桥镇急进。次日凌晨5时，各部按计划到达攻击出发位置，对敌人形成了包围圈。

旷继勋、余笃三带军指挥所来到双桥镇东北的一处高地上，徐向前用望远镜观察镇内敌情。镇内灯火摇曳，炊烟袅袅，敌人尚未发现已陷入红军重围之中。

徐向前看了看表，对旷继勋说："军长，攻击时间到了！"

旷继勋下命令道："开始！"

两发红色信号弹划破黎明前的黑暗，高高升起，在镇北和镇东完成攻击准备的红三十团、三十一团立即向镇内发起冲锋。

在机枪火力掩护下，红军迅速扑向镇北敌人的两处山头阵地。

敌人听到枪声，顿时一片混乱。敌人营长急令全营进入阵地，用密集的火力向山下射击。冲在前面的红军战士一个个倒下，后面的也被打得趴了下来。团长王树声在山下看到，两眼直冒火。

戴克敏说："树声，你带部队从正面吸引敌人，我带一个连从左翼爬上去！"

王树声说："好！"

王树声回头大叫道："突击队，跟我上！"

趴在地下的红军战士爬起来，跟着团长往上冲，将敌人的火力吸引过来。戴克敏趁机带上一个连，悄悄地从左侧摸上山去，突然出现在敌人背后。

戴克敏大喊一声："同志们，杀啊！"

戴克敏跃进敌人战壕，和白军拼起了大刀。战士们随后纷纷杀进敌人阵地，展开了一场肉搏战。

王树声一见，拔出大刀率突击队杀上山去。

一直顽抗的敌人被惊天动地的喊杀声所震慑，慌忙丢下枪支，从掩体里逃出去，镇北两座山头被红军占领了。

正在镇子里睡大觉的岳维峻被镇北密集的枪声惊醒后，亲自带特务连赶来。刚一出镇子，忽见营长同败兵一起向镇子里跑，他抬手就是一枪，击毙了一个跑在前面的士兵。接着，他大骂道："妈的，都给我回去，把山头夺回来！凡临阵脱逃的，一律军法从事！"

营长怕死在上司的枪口下，只好带着败兵掉头杀回。

岳维峻担心他们顶不住红军的攻势，又令镇西的部队火速向镇北增援，在镇外构筑第二道防御阵地。他还组织了一个团的冲锋队，向红三十团发起一次次反扑，要夺回丢失的山头阵地。

红三十团前进受阻，被迫在北门外的高地上与反扑之敌展开激战，双方打得难分难解。

岳维峻向镇北调兵时，倪志亮率红三十一团在镇东突破敌人阵地，消灭敌人一个前哨连，打进了镇内。

岳维峻闻报，大惊失色，急忙从镇北分兵一部去镇东堵击。

这时，岳维峻的防御体系被打乱了。

天亮后，视野更开阔了。

听说红军来打双桥镇，苏区人民自动赶来参战。镇子四周的山头上红旗飘飘，杀声震天，百姓在为红军呐喊助威。

红军士气高涨，奋勇杀敌，机关枪、步枪一齐向蜂拥而来的敌人射击，手榴弹在敌群中开花，敌人的反扑被打下去了。

岳维峻惊恐万分，频频发电给广水和信阳的两路国民党军，要他们火速前来增援。

他还发电报给武汉的何成濬，要他派飞机前来轰炸红军。

上午 9 时，何成濬派来了两架飞机，对镇北、镇东我军攻占的山头阵地俯冲轰炸。

岳维峻一见飞机，顿时高兴起来，下命令道："炮兵营，向共匪阵地开炮！"

一发发炮弹落在红三十团和三十一团的阵地上，弹片横飞，浓烟滚滚，给红军造成了大量的伤亡。

红十师师长蔡申熙见情势危急，便冒着敌机轰炸，跑上红三十团阵地，大叫道："机枪手，打敌人的飞机！"

机枪手一听，立即竖起机枪，向敌机射出一串串子弹。敌机驾驶员怕被击中，转了一个圈便飞走了。

岳维峻以为时机已到，下令用两个整团的兵力向镇北红军占领的山头发起大规模的反扑，敌我双方在山上山下展开了更为激烈的厮杀。

蔡申熙问道："王树声，你的预备队呢？"

王树声被他一语提醒，立即命令二营跑步上来增援。

二营上来后，战士们没进战壕，便挺起刺刀与敌人拼杀起来。

这时，一梭子弹击中了蔡申熙的左臂，鲜血像喷泉一样向外涌出。戴克敏忙带几个战士跑来，将他背下山去。

师长负伤，激起了红三十团官兵对敌人的满腔怒火，王树声干脆把最后一个营也投入了战斗。

敌人的进攻一次次被打下去，到中午时，岳维峻再也组织不起有力的反扑了。他明白大势已去，下令各团残部收拢，向镇南几个制高点且战且退。

旷继勋及时下命令道："传我的命令，红二十八、三十三团出击！"

正向镇南移动的敌群被分割成几部分，午后1时，双桥镇残敌全被肃清。

此役，我军歼敌一个师部、两个旅部、三个步兵团、一个炮兵营，共五千余人，缴枪两千多支、山炮两门、迫击炮十余门，军用品堆积如山。

当晚，岳维峻被押到军部，徐向前从他口中问出不少有关敌人部署、调动的情报。

红四军回师新集后，利用岳维峻求生的心理，让他的家属和部下来赎命。因为敌人对红军实行经济封锁，根据地布匹、药品都很缺乏，红军便用岳维峻换些布匹和药品。

为表示红军的诚意，曾中生将岳维峻的副师长、参谋长全部释放，给他们开了一张赎命的清单，让他们带给岳维峻的家属。

从 1931 年 3 月到 11 月，岳家连续给红军送来了三批枪支弹药、药品和足够做二十万套军装的布匹，还有大量纸张、火柴等苏区奇缺的日用品。然而，就在徐向前、

△ 1931年3月，鄂豫皖的红四军在双桥镇战斗中全歼敌三十四师，活捉师长岳维峻，粉碎了敌人对根据地的第一次“围剿”。这是当时画在墙上的宣传画。

曾中生等红军主要领导同志决定释放岳维峻，并有意通过他对西北军开展统战工作之际，1931年11月，张国焘竟下令将已向人民低头认罪的岳维峻秘密处决，从而为国民党反动派诋毁共产党和红军提供了借口，造成了极为恶劣的政治影响，也使曾中生、旷继勋等的工作成果付之东流。

东下皖西

（36岁）

红军节节胜利，苏区人民欢欣鼓舞。

岳维峻双桥镇兵败被俘的消息很快传到南京，蒋介石震怒不已，一天内数次发电给刘峙与何成浚，责令刘、何二人务必在伪国民会议召开之前剿灭鄂豫皖红军。刘、何二人不敢怠慢，立即着手部署对鄂豫皖苏区的第二次"围剿"。除参与第一次"围剿"的各部白军外，又将葛云龙三十三师、李韫珩五十三师调入豫南加入围剿大军。加上部署于二线的徐源泉四十八师、郭汝栋二十六师，敌人在第二次"围剿"中共投入兵力十一个师两个旅，总计十三万余人。

4月8日，鄂豫皖三省绥靖督办李鸣钟奉命将绥靖公署移至潢川，发誓要在5月5日之前将鄂豫皖红军全部剿灭。

曾中生、旷继勋再次领导苏区军民奋起反击蒋介石的第二次"围剿"。

4月10日，刚刚上任的敌四十六师师长岳盛瑄率部渡过淠河，进犯皖西苏区。13日，岳盛瑄占领独山镇。14日，又占领了诸佛庵。15日，麻埠陷落，金家寨告急。

鄂豫皖特委会议决定徐向前带红二十八、三十团留守鄂豫边，会同地方武装同围剿之敌周旋。旷继勋率四个团的主力东下皖西，与不久前成立的红十二师会合，重点打击岳盛瑄。

4月20日，红四军主力从商南出发，23日到达金家寨，与红四军十二师师长许继慎合兵一处。

刚见面，旷继勋就问："敌情如何？"

许继慎将作战地图铺开说："敌人主力四十六师两个旅加保安团一部驻麻埠；警备二旅一个团和保安团另一部住独山镇，负责维持与六安、霍山的联系，掩护后方。我建议弃麻埠之敌于不顾，集中力量先打独山镇这一个团，斩断麻埠与六、霍之间的联系。这一仗如果打好了，淠河以西的敌人军心必乱，我们待机而动，必获大胜！"

旷继勋说："讲得好！继慎，你带十二师进占东西香火岭，隔断麻埠、独山两敌的联系；我带军部和红十一师主攻独山；将六霍地区的游击队、赤卫军部署在淠河西岸一线，对六安、霍山方向执行警戒，准备断敌退路，阻敌援兵；红二十九团担任预备队。”

24日夜，旷继勋、许继慎各率部队分头出发了。

次日拂晓，旷继勋率红十一师三个团和红二十九团抵达独山镇外围。敌人以为红军主力在大别山的另一侧，防守并不严密。

红三十一团和红三十三团立即兵分两路，在敌前展开。

驻守镇西警戒阵地的敌保安团一个连被红三十一团突击营一个猛冲，当即全线溃退，四散而逃。

周维炯的红三十三团在南头山高地遭到警备二旅一个营的顽强阻击，敌我双方在山上山下展开了反复争夺。镇内敌保安团长听到南头山枪声激烈，急派一个营出镇增援，在镇西与我红三十一团遭遇，就地组成第二道防线，阻止我军向镇内发展。因敌人占据有利地形，我军屡攻不克，战斗进入胶着状态。

旷继勋十分着急，下命令道："命令部队投入预备队，速战速决！"

这时，一个30岁上下的男子冒着弹雨从镇内跑出来，被人领到军指挥所。

来人气喘吁吁地说："我是独山镇农协会员，镇子里原有敌人两个营，现在一个营出来增援，只剩下一个营了。趁西面和南面打得火热，我愿意给红军带路，从另一条路打进镇子去。”

旷继勋一听，喜出望外，两眼放光，紧紧地握住这位勇敢的农协会员的手，不停地说：“太谢谢你了！”

红二十九团团长查子清、政委李奚石受命出征，红旗很快插上了独山镇的寨墙。

在镇西和镇西南的南头山，战斗仍在激

▽ 旷继勋用过的怀表

烈地进行着。查子清对李奚石说："咱们兜屁股给他们一家伙如何?"

李奚石说："我同意!"

红二十九团留下一个营守镇子，两个营从镇内突然出击，与红三十一团两面夹击，将镇西一个营敌人消灭，然后两个团合兵一处，从背后对南头山发起猛攻。经过三个小时激战，南头山之敌全部被歼。

中午，独山之战以我军歼敌2000、缴枪1800支胜利结束。

诸佛庵之敌听到消息，连夜逃之夭夭，皖西苏区再次为红军所有。

5月1日，游击师、赤卫队会合，成立起义指挥部，总指挥为毛正初。2日，河西起义开始，在红十二师配合下，三天之内攻占新安集、火星集、丁家集、郭店子、马头集、五家集等集镇，全歼地主反动武装，起义大获全胜。六安县淠河以西地区全部成为苏区，总人口40万，并成立了六安县苏维埃政府。

至此，六安、霍丘两县苏区连成一片了。

南征北战

☆☆☆☆☆

（36 岁）

退回霍山城的岳盛瑄为了推卸责任，向刘峙、何成浚、李鸣钟连续发电，声称他在独山、麻埠遇上了“赤匪”主力，请求上司急调大军来皖西聚歼。刘、何、李三人信以为真，急令吉鸿昌的三十师、张印相的三十一师自潢川、新集东下皖西，与四十六师一道对金家寨、麻埠的红军实施合围。为防红军返回鄂豫边苏区，又令驻光山的李韫珩五十三师、麻城的夏斗寅十三师南北齐出，在大别山西侧组成一道南北走向的封锁线。

5月上旬，李韫珩五十三师自光山以南的泼陂河出动，企图继吉鸿昌三十师之后再占新集，南下与夏斗寅部完成对皖西红军主力的封锁。

△ 曾中生

敌兵主力的调动情况很快被红军掌握，曾中生决定避实击虚，令红四军主力置皖西之敌于不顾，回师鄂豫边苏区，打击孤军南下的李韫珩五十三师。

5月9日，旷继勋留下许继慎的红十二师钳制敌人，率主力四个团星夜西进，在新集以北的浒湾与徐向前会合。

敌人五十三师四个团从泼陂河南下，已进至浒湾以北。红二十八团、三十团奉命在浒湾地区构筑阵地，对敌人实施顽强抗击。

曾中生、旷继勋命令红十师师长刘英、红十一师师长周维炯各率两个团从两翼向敌五十三师发起大规模反击，五十三师兵败如山倒，四个团的人马相互践踏，狼狈地向北逃去。

浒湾一战，我军共击毙、击伤和俘虏敌人一千四百余名，缴枪千余支。李韫珩败退泼陂河，惊魂未定，下令各部加固工事，日夜警戒，无论刘峙、何成浚、李鸣钟怎么督促，他再也不出来与红军为敌了。这样，鄂豫边苏区北线的形势稳定下来。

皖西那边，吉鸿昌三十师不愿与红军打仗；张印相三十一师、岳盛瑄四十六师屡受红军打击，心有余悸，相互观望。许继慎率红十二师忽南忽北，忽东忽西，四处出击，更加剧了敌人的恐惧感。

皖西形势稳定下来，曾中生决定打击气焰十分嚣张、一直威胁着鄂豫边苏区南部的敌人。

5月28日，红四军主力抵达鄂豫边苏区南缘，绕过敌四十四师重兵驻守的黄安城，由徐向前率两个团向城南桃花镇守敌一个营发起猛攻，旷继勋则率领另外四个团在镇外待机。

中午，黄安之敌三个营出城南下增援，进入旷继勋在十里铺一带布下的口袋阵。旷继勋率领红军官兵一阵冲杀，将这批敌人全部歼灭。

这样，蒋介石对鄂豫皖苏区的第二次“围剿”又以失败告终了。

（36岁）

在1931年1月7日召开的中共六届四中全会上，王明上台。王明一上台就抛出了"左"倾政治纲领《两条路线》，即《为中共更加布尔什维克化而斗争》。这时，老资格的张国焘也抛出了《拥护四中全会与两条路线战争》的文章，肉麻地吹捧王明，王明被张国焘拍得很舒服，于是鄂豫皖第一把手的交椅就赏给了张国焘。

1931年5月12日，中共鄂豫皖中央分局在河南省光山县新集镇成立，张国焘出任书记。

鄂豫皖中央分局的成立，标志着王明"左"倾冒险主义在鄂豫皖苏区的推行和张国焘窃取了鄂豫皖党政军的领导地位。

张国焘到鄂豫皖后，其极"左"面目一天天地暴露出来，以曾中生、旷继勋、许继慎为代表的一大批苏区创建者不能不与之产生激烈的冲突。

苏区是久战之地，外有白军的经济封锁，内无长年的粮食储备，粮荒极为严重，粮食问题关系到鄂豫皖苏区的生死存亡。

当时，解决粮食的主要途径是靠红军在战斗中的缴获和外线筹粮。为此，曾中生建议说："蒋介石正集中兵力围剿江西中央苏区，对鄂豫皖苏区暂取守势。红四军应利用这个机会南下蕲春、黄梅、广济，恢复红十五军开辟的鄂东根据地。这样，既解决了自身的吃饭问题，又打击和钳制了敌人，配合了中央红军的反'围剿'。"

张国焘不懂军事，反对这样做，硬要把苏区内部的敌人搞干净。原来，在商南地区，顾敬之的民团顽固地坚守山寨，裹挟群众逃离家园，对红军实行坚壁清野，如同一根硬刺，扎在苏区的肚脐眼上。

曾中生认为如果苏区没有发生严重的粮荒，如果顾敬之的民团是容易消灭的民团，张国焘做这样的选择也许不是什么错误。但顾狗子是反共老手，坚守的全是新集式的石头堡寨，不好打，每打一座我军都要付出巨大的代价。然而根本的问题还在于即使打下那些堡寨，也不会从根本上解决粮食问题。没有粮食，甚至比没有弹药还要影响红军的战斗力。既然如此，红军为什么不首先执行南下作战的方案呢?

为此，会上展开了激烈的争论，参与争论的双方情绪都很激动。

▽ 中央红军与红四方面军胜利会师地懋功

红四军军长旷继勋气愤地说："我和中生同志的看法一致！"

张国焘站起来说："好了，会就开到这儿。我是中央分局书记，又是军委主席，在这件事上，我个人对中央负责。"

散会后，便是中央分局常委会议，会议决定改组红四军领导层：旷继勋被免去红四军军长职务，改由徐向前接替。

旷继勋是曾中生的战友，张国焘决定换掉他，认为不如此便不能打破他们两人对红四军的控制。

此外，张国焘还想通过这次任免，让所有红军将领包括徐向前在内明白一件事：他可以轻而易举地将任何人撤职，只有他才是这支红军、这块苏区的最高主宰。

商潢之战

☆☆☆☆☆

（36–37 岁）

1931 年 11 月 7 日，中国工农红军红四方面军建立。

红四方面军由红四军和同年 10 月在皖西麻埠编成的红二十五军组成，徐向前任总指挥，陈昌浩任政委。

红二十五军军长旷继勋，政委王平章，下辖红七十三师，师长刘英，政委吴焕先。当初，旷继勋被张国焘免职后，并未消沉，而是到皖西发展红军去了。他在短时间内竟奇迹般地建起了一支二十五军，张国焘不得不任命他为二十五军军长。

第二次“围剿”失败后，蒋介石于8月飞到武汉部署第三次“围剿”。为完成新的围剿，蒋介石集中了十五个师的兵力，分别进驻豫南、鄂东和皖西。此外，又将嫡系徐庭瑶第四师、俞济时第八十八师调来作为第二梯队。在上述十七个师中，汤恩伯第二师、徐源泉第四十八师、徐庭瑶第四师、俞济时第八十八师都是蒋介石的嫡系部队，每师三个旅九个团，装备精良，战斗力非杂牌军可比。

早在第三次“围剿”部署完成之前，密切注视敌情变化的徐向前就向鄂豫皖军委建议说：“红军应在敌人没有收拢包围圈之前展开外线攻击，将其围剿计划打乱。”

红四方面军建立三天后，即挥师南下，发起了著名的黄安战役。

黄安是大别山主脉西侧一座有四百年历史的古城，山峦起伏，河流纵横，地势险要，进退裕如，攻守皆宜，在军事战略上占有重要地位。元末农民起义军，明末李自成、张献忠的部将，清朝的太平天国，都在这里屯过兵打过仗。这座古城人烟稠密，商贾云集，距苏区中心极近，一直是敌人不惜代价坚守的要塞。

12月24日清晨，黄安战役结束，历时四十三天的围城战斗，共歼敌一万五千多人，俘敌师长以下万人，缴枪七千余支，迫击炮十多门，电台一部。

黄安之战拔除了南线敌人的据点，但北线之敌仍重兵云集，有四个师一个旅盘踞在豫南商城、潢川、固始三县。

商城、潢川、固始三县距我根据地中心新集极近，商城在三座县城中距离新集更近。三城敌人一旦出兵，新集便将沦入敌手。因此，展开北线作战，粉碎敌人的进攻部署就成了当务之急。

1932年1月中旬，四方面军主力离开黄安，冒着漫天大雪北上豫南。

为了确保战役的胜利，徐向前一面移兵

豫南，一面命令驻守皖西苏区的红二十五军七十三师，由军长旷继勋亲自率领，跨越豫皖边界，秘密西上，加入商潢之战。

在旷继勋的配合下，我三路红军一直追杀到潢川城下。汤恩伯、曾万钟虽有数万之众，却死守城门不敢出城迎战。

天亮时，徐向前清点人马，命令红军回头向南直扑商城。

敌人五十八师师长陈耀汉已知汤恩伯、曾万钟大败，自忖商城孤城难守，又知北逃会遇上红军主力，当夜忙将炮栓卸掉，扔下大炮和笨重物资，开了城门，一路向南逃到了麻城。

2月3日，红军兵不血刃占领了商城。

商潢战役历时十五天，歼敌四千余人，缴枪两千多支，鄂豫皖苏区的北缘一直推进到潢川、固始城下。

苏家埠大捷

☆☆☆☆☆

（37 岁）

1932 年 1 月中旬，驻守皖西的红七十三师刚刚奉命西去参加商潢战役，敌安徽省主席陈调元就接到了报告。他觉得旷继勋已经西去，国军有机可乘，便急令敌四十六师师长岳盛瑄率十二个团出六安、霍山，向西占领淠河东岸的苏家埠、青山店、马家庵、韩摆渡，准备以此为依托，西渡淠河，大举向鄂豫皖根据地进攻。

2 月初，商潢之战结束，徐向前刚要移兵东北，围歼固始之敌，皖西方面便告急。

徐向前命旷继勋率红七十三师急返皖西，红军主力打下固始后即全军东进，狠狠打击岳盛瑄。

旷继勋率红七十三师星夜东返，直抵淠河西岸，与岳盛瑄隔河对峙。

月末，经短暂休整，徐向前率红四军三个师北上进逼固始，敌二十五师师长戴民权据城死守。

这时，旷继勋从皖西飞马来报说："淠河东岸之敌已有渡河西进的迹象，请速来迎敌。"

徐向前说："固始短时间难以攻克，皖西危在旦夕，我提议放弃固始，全军立即前往皖西迎敌！"

3月18日，徐向前留下陈赓、刘杞的红十二师在商潢地区监视敌人，率红十、十一师越过豫皖边界，进至淠河西岸的独山镇，与旷继勋的红七十三师及霍山独立团会合。

红四方面军总部当晚召开会议，由旷继勋介绍敌情。

进入皖西的红军只有一万五千人，而且刚刚打过两次大战，已经十分疲惫。敌兵足有三万人，装备精良，而且以逸待劳。在这种情况下，红军该如何办呢?

徐向前沉思了一会儿，满怀信心地说："不要怕它! 敌人虽有四个多师，但一线和二线兵力距离太远，二线部队很难迅速投入战斗。我军应集中力量先消灭一线敌人，然后转入对二线敌人的战斗。敌人将七个团一字形摆在淠河一线，我军正好围点打援! "

徐向前又说："敌人七个团沿淠河布防，其警戒方向在西面，我军应悄悄渡河，从背后突然将它们分割包围，这是第一步；第二步，对上述各据点的敌人实施长期围困，引诱六安、霍山之敌出援，我军打其援兵；第三步，回头消灭上述各据点之敌，结束战役，转入与二线敌人的战斗! "

3 月 21 日深夜，一座浮桥无声无息地在青山店以西架设完毕。红十、十一、七十三师及六安、霍山两个独立团神不知鬼不觉地过了淠河，向东岸敌人各据点做战役展开：红七十三师、霍山独立团就近突然包围了青山店；徐向前率方面军总部、红十师和红十一师绕过青山店，向北进军苏家埠、韩摆渡、马家庵。

王树声、甘济时指挥红十一师继续向北发展，兵锋直指韩摆渡、马家庵。两处守敌已知青山店、苏家埠相继被大批红军包围，没等我军赶到，便仓皇缩进六安城，红十一师兵不血刃占领了韩摆渡。

至此，红军迅速转入打援部署。

23 日晨，从韩摆渡、马家庵逃走的两团敌人被迫向南攻击前进。他们对苏家埠地区

▽ 苏家埠战役陡拔河战场旧址

有多少红军情况不明，害怕钻进我军包围圈，走了一段，干脆掉头向西，去攻击前一天丢弃的韩摆渡。

王树声、甘济时将这一新出现的敌情急报徐向前，请示说：“总指挥，打还是不打？”

徐向前沉吟片刻，说：“红十一师撤出韩摆渡，让敌人进去再围住它！多围一个点，就在敌人脖子上多套一根绞索！”

红十一师迅速撤出韩摆渡，在敌人必经之路两侧设下埋伏。中午，两团敌人进入我军伏击圈。王树声一声令下，我军官兵一起开火，随后发起冲锋。敌人听见枪声，也不抵抗，各自夺路而逃。原驻马家庵的警备二旅一个团逃进韩摆渡，王树声、甘济时随即分兵把韩摆渡包围。原驻守韩摆渡的四十六师二七四团逃向苏家埠，被红二十九团截住消灭了一个营，其余被苏家埠之敌接应进了寨门。

不久，苏家埠完全断粮，困守之敌成了

瓮中之鳖，岳盛瑄不得不出援了。

3月31日，在陈调元多次严命下，岳盛瑄下令六安、霍山两城驻军一起出动去解苏家埠、韩摆渡、青山店之围。

霍山出援青山店的两团敌人被旷继勋率红七十三师打得大败而逃，退回霍山。

青山店守敌在我军与援敌激战时打开西门，冒死突围，一半被歼，一半渡过淠河，由河西迂回到苏家埠，突然出现在我围城部队背后。幸亏我军反应快，回头反击，这半个团的敌人又被消灭一小半，其余窜进了正在大闹粮荒的苏家埠。

当晚，旷继勋率红七十三师占领青山店。被围之敌全部收缩到苏家埠、韩摆渡两个据点。

岳盛瑄无计可施，每日只是频频向陈调元发电告急。陈调元能指挥的部队不多，只好向南京求援。蒋介石任命驻蚌埠第七师师长厉式鼎为皖西“剿匪”总指挥，集中第七师五个团、潢川第十二师两个团、合肥李松山五十七师两个团、潜山阮肇昌五十五师四个团及霍山警备一旅两个团，共十五个团两万余人，兵分南北两路来救苏家埠、韩摆渡之敌。

敌情空前严峻，四方面军总部举行紧急会议，决定应敌之策。

4月30日夜，我军各打援部队全部进入陡拨河以西预设阵地。

5月1日上午，旷继勋命红七十三师派出诱敌部队，在陡拨河以东与敌前锋第七师十九旅打响，阻击一阵之后，便边战边撤，乘船退到陡拨河以西。敌人不知是计，紧紧跟随，利用各种器材陆续过河，前锋向西逼近我七十三师阻击阵地。

5月2日凌晨，突然下起倾盆大雨来，陡拨河水猛涨，汹涌澎湃，将过河的敌十九旅与后续部队隔为两处。敌十九旅不知已经中计，虽然孤军深入，却毫不介意，竟单独向我七十三师阵地发起攻击。

我军正面阻击阵地上，旷继勋站在泥水没膝的堑壕里，沉着镇静地指挥部队依托工事用密集的火力迎击一次次攻上来的敌人。

陡拨河西岸枪炮轰鸣，硝烟弥漫。战斗最激烈的时候，斗志昂扬的旷继勋沿着堑壕来回走动，鼓舞战士们说："同志们，沉住气，等敌人靠近再打，要节省子弹，一枪报销一个白狗子！"

激烈的攻防战一直持续到中午，红七十三师阵地前留下了大批敌尸。

河西的敌先头旅向红军阵地发起进攻的同时，厉式鼎正在河东督促后续部队冒雨渡河。过了河的敌人听到前面杀声震耳，不明白发生了什么，在指挥官催促下继续向前拥，前后人马相撞，乱成一团。旷继勋率领部队一直杀至陡拨河边，敌人后退无路，纷纷落水。厉式鼎的先头旅不到半日就被红七十三师歼灭大半。

厉式鼎站在东岸，望着河西战况，气得脸色发青，连声地命令炮兵隔河向红军阵地轰击。旷继勋率部撤回阵地，加强工事，准备再战。

红军的退却让厉式鼎十分高兴，他以为红军已经大败，下令炮兵进行延伸射击，掩护后续部队全部渡过陡拨河，并连续在河西抢占老牛口、婆山岭两座高地，作为继续进攻的支撑点。他自己也率一大群参谋过了河，指挥白军冲杀。

下午 4 时左右，红十师两个团从六安城南沿陡拨河西岸迅速插向敌人右翼，红十一师两个团由战场西北的戚家桥、庙岗头沿陡拨河岸迅速插向敌人左侧。两路红军如同两支利箭一举完成了对河西敌军的合围。

厉式鼎发现自己被大批红军抄了后路，红军从三面杀来。他仓促调整部署，三面迎战。

最后决战的时候到了，徐向前大喊："号兵，吹总攻击号！"

总攻的号声响起来，三路红军加上前来参战的六安独立团和当地赤卫军杀向敌群，吼声如雷，惊天动地，将白军分割成一个个小集团。

红军虎将旷继勋率红七十三师一马当先，冲进敌人纵深，一直打到厉式鼎的临时指挥所，枪口直逼厉式鼎的前胸。

红军连续作战，苏家埠、韩摆渡之敌举起了白旗。

5月8日，于苏家埠新安会馆前广场上举行了受降仪式，一队队白军士兵扛着十支一捆的枪支进入广场，按照红军规定，将枪

△ 川陕革命根据地的主要报纸

械分类摆在地上。这时，苏区百姓敲锣打鼓，抬着猪肉，挑着鸡蛋，担着挂面、红糖、大枣来慰劳红军将士。广场上车水马龙，人山人海，热闹非常。

中华苏维埃临时中央政府于5月23日发来贺电："苏家埠战役的胜利，给予全国反帝国主义、反国民党的革命运动以无限兴奋。这是鄂豫皖红军史上的空前大捷，是徐向前、旷继勋军事生涯的辉煌篇章。"

蒋介石对鄂豫皖苏区的第三次"围剿"尚未全面展开即被粉碎了。

霍丘之战

（37 岁）

1932 年 6 月 12 日，刚刚在上海与日寇签订了《淞沪停战协定》的蒋介石马不停蹄地登上“美龄”号飞往庐山。

蒋介石在庐山召开军事会议，正式成立鄂豫皖剿总，下编左、中、右三军。左路军司令官何成浚，率徐源泉、肖之楚等部共六个师零五个旅十余万人围剿湘鄂西苏区；蒋介石兼任中路军司令官，刘峙为副司令官，指挥六个纵队十五个师及两个旅围剿鄂豫边苏区；李济深兼任右路军司令官，王钧为副司令官，率三个纵队共五个师两个旅进剿皖西苏区。

鄂豫皖苏区的主要领导者张国焘此时正被大捷后的盲目乐观情绪控制着，不顾四大战役后红四方面军已连续作战近八个月，急需休整的现状，坚持要徐向前带部队西过平汉路，配合红三军（即贺龙红军）消灭徐源泉、肖之楚的主力部队。

张国焘错误的指挥使头脑冷静的徐向前提出的休整部队，准备反击第四次“围剿”的建议被否定。

徐向前不得已率疲惫之师向平汉路出击，虽然打下鸡公山，灭敌一个团，但在其后的战斗中却连连受挫。

从这时起，已经种下了第四次反“围剿”失败的根苗。

苏家埠大捷后，红二十五军军长旷继勋率红七十三师一个团北上，乘虚袭占了淮南险隘正阳关，回师时占领了皖西重镇霍丘，将根据地一直向北拓展了百余里。

为了挡住旷继勋，蒋介石急将徐庭瑶第四师部署在蚌埠一线。徐部是蒋系王牌，全副德国装备，汤恩伯、关麟征、杜聿明等蒋系大将都出自该师。

关麟征得令后，一马当先进攻正阳关。旷继勋只有一个团，在正阳关前与敌人苦战一日后，弃关撤回霍丘。

7月7日，徐庭瑶接到蒋介石全面进攻的命令，便率全师四个旅十二个团大举进攻苏区。关麟征旅通过正阳关，在其他各部之前进抵霍丘城下。

霍丘之战是第四次反“围剿”开始后红白两军进行的第一次大血战。

红四方面军主力西移之后，旷继勋受命率新编成的红七十四师和七十五师保卫皖西，他手中掌握的只有红七十三师的一个团，这也是红军在皖西苏区最能打仗的一个团。

徐庭瑶率先向皖西苏区东北部进攻，旷继勋带领这个团以霍丘城为阵地顽强阻击敌人，等待主力回援皖西。

霍丘县城三面环水，只有南门外一条路可以进出。如能依据坚城一战而挫敌第四师的锐气，则可给别的敌人一个震慑，使其不敢贸然进攻，也就为红军主力回援赢得了时间。

7月7日中午，抵达霍丘城下的关麟征旅向守城红军发起第一次进攻。旷继勋站在南门城楼下，让电报员向鄂豫皖中央分局和军委发电，报告他和守城的一团红军将堵住敌人。

第一天，关麟征的先头团连续发起攻击，遭到红军官兵的猛烈反击，伤亡惨重，只好收兵。

夜里，旷继勋动员城中青壮年加固城防，在城头上堆放了大量的滚木礌石，连县衙前的石狮子也被搬上城墙对付白军。

第二天，关麟征视察了霍丘城四处的地形，发现要打下这座县城只有从南门进攻一条路。他用新到的一个团取代严重受挫的先头团，再次发起攻击。进攻之前，他命令架起迫击炮向城门轰击，然后以营为单位展开集团冲锋。一发发炮弹在坚硬的石头城墙上炸开，有的还打到城门洞里，但下决心死守的旷继勋早将城门洞从里面堵死。那些炮弹除了在城楼上造成一些伤亡外，并没发挥多大作用。

炮火刚停，冲锋就开始了。白军官兵跃进到城墙外，搭起云梯爬城。城上一声枪响，滚木礌石打了下去，白军士兵非死即伤，不得不撤退。

旷继勋命人将准备好的软梯放下，亲率守城官兵出城，向溃退的白军官兵发起反冲锋，猛追到一里开外才收兵回城。

关麟征两战两败，心中大怒，命令后续部队将迫击炮全部架起，对城墙拼命轰击，要在城墙上打出一个豁口来。全旅十余门大炮一起开火，霍丘南门城墙上下连同南门内居民区浓烟四起，火光冲天。这一番炮击后，城墙上被轰出了一个豁口。关麟征下令攻击，但在红军的火力阻击下，白军又一次狼狈逃回，不得不草草收兵。

第三天，关麟征向霍丘南门投入了他的

最后一个团。在炮火掩护下，他亲自督战。无奈冲击道路过于狭窄，部队无法同时展开，只要城墙上有一挺机枪射击，进攻部队就难以接近城门。当天下午,这个团已伤亡近百人，无法重新组织攻击，只好收兵。

第四天，关麟征组织全旅进行了最后一次拼死攻击。为了大量消耗红军实力，他命令炮兵再次对霍丘南门城墙和城内目标实施毁灭性轰击。这场炮击一直打了两小时，霍丘城内一片火海，南门城墙数处坍塌。

关麟征旅三个团的敢死队轮番冲击，打到天黑时，部分敌人冲过城墙豁口杀进城内，但又被旷继勋率领红军官兵杀了出来。

插在霍丘城头的红旗虽已弹痕累累，但仍屹立不倒，而号称劲旅的关麟征旅已基本瘫痪了。

霍丘之战至此已出现红军获胜的机会，需要的仅仅是一支生力军从大别山那一侧杀来，关麟征旅便有可能全军覆没。如果换一个别的红军领导人也许会这么做，但不懂兵法的张国焘是不会这样做的。

第五天上午，守城红军官兵日夜盼望的红军援兵没有到，而徐庭瑶的四师师部和杜聿明的二十四团却来到了霍丘城下。

这时，守城红军因连日苦战，伤亡殆尽，能够带伤参战的已不足一百名。即便如此，这支部队仍保持着旺盛的斗志，坚信敌人无法破城，坚信红军主力会在城破之前赶来，与之里应外合，将攻城之敌消灭在城下，再打一个苏家埠那样的胜仗。

天刚亮，满身血污的旷继勋又一次巡视城防，鼓励大家加强戒备，堵塞豁口，准备再战。

与战士不同，身经百战的旷继勋已明白援军不会来了，他已经做好了与霍丘城共存亡的准备。

当时，黄埔一期毕业生杜聿明才 28 岁，虽然只是一名团长，但因治军严，有大将之风，深受蒋系要员张治中、徐庭瑶的器重。接受攻城命令后，他想：关麟征多日苦战失利的原因是红军战斗力强，城池坚固，进攻之路狭窄，但即使有这些困难，也是有机会破城的。红军也有自己的弱点：没有援兵，苦战多日后兵员弹药已大量消耗。还有，目前城墙到处是豁口，坚固程度早已不如当初。

杜聿明得出结论：红军的抵抗很可能已近尾声，需要的是不停顿的攻击，连续的攻击，不让旷继勋有喘息之机。他坚信一条军事学上的法则：没有被消耗不尽的敌人，如同没有压不弯的芦苇一样。

7月9日，城外阵地全部失守，红军撤进城内。独立团指挥郑恒才已经两天两夜没合眼，仍在东门城楼上指挥。

旷继勋在爆炸声中来到了东门，一颗炸弹把城墙炸了一个洞。一群赤卫队员把几床棉被浸湿了水，顶在头上拼命朝城墙上堵。

旷继勋爬上城墙，见城墙下敌军密密麻麻，把城围得铁桶一般。许多敌军在长官的威逼之下拆民房，抢木料，准备强渡护城河。

忽然，东北方的敌人把长梯搭过护城河，约有一个排的匪兵冲过河来，正在搭梯准备翻墙。

旷继勋连忙命令道："快组织反击，把敌人打下去。"

他的话音刚落，城墙上落下一阵石雨，把敌人的梯子砸翻，敌人纷纷落水。

对岸的敌人一齐怪叫起来："红军没有子弹了，冲呀，冲进城捉活的呀。"

一阵机枪扫射掩护，敌人将四五面梯子一齐搭过河面，一个连的敌人冲了过来，四五面梯子马上又立在城墙边，敌人哇哇叫着往城墙上爬。

突然，城里丢下一阵手榴弹，爆炸声中，梯子倒下去，攻城者倒在血泊中。

旷继勋笑道："好，干得好。"

突然，城外翻上来一个匪军，手枪对着旷继勋的脊梁。旷继勋刚要转身时，那匪军已被一个赤卫军战士拦腰抱住，两个人双双摔下城去。

旷继勋知道最后的时刻到了，他连忙把

最后一点力量调上来，要求战士无论如何要守住这座孤城。他说："县城一旦陷落，不仅红军战士要全部牺牲，而且城内鸡犬也难逃噩运。"

战士们纷纷表示决心说："军长放心，城破了，我们就用石子、木板和肉体堵。敌人杀进来，我们就消灭他！子弹用完了，我们就用刀！刀口崩了，我们就用石子！石子用完了，我们就用牙齿。"

这时，旷继勋多么希望南方能杀来援兵，里应外合，一鼓作气杀出重围，好为革命保存一点力量啊。

夜里，城四周枪声断断续续地响着，城里死一般的静寂。

旷继勋在城墙四周巡视，见赤卫队长郑恒才坐在草棚里，受伤的胳膊用布包着，一条裤管已被撕开。郑恒才见旷继勋在城墙上，连忙奔了过去说："旷军长，快走吧，这样下去怎么行呢？"

旷继勋问道："走？怎么走啊？"

郑恒才回答说："我留下来掩护，你们从西门泗水走吧！"

旷继勋摇头说："我身为军长，怎能抛下你们不管呢？我走了，你们怎么办？"

7月13日黎明，天空中布满阴云。轰隆隆，敌人又开炮了！北城墙被轰开一丈多长的缺口，几十张梯子架在城墙上，敌人像潮水一般涌进城来。

这时，旷继勋正在城中十字街头指挥反攻。红军、赤卫队、灾民听说城破了，抬起他就朝西门走。旷继勋大喊道："快放下我！"

任他怎样喊叫也没有用，他在人们的头顶上朝西门移过去。

不久，血战结束，徐庭瑶部占领了霍丘城，进城后对居民进行残酷的大屠杀。

蒋介石飞临鸡公山，在他的豪华别墅美龄舞厅里，宋美龄同杜聿明跳了一曲华尔兹。蒋介石举杯称赞徐庭瑶此战有功，让他升任国民党第十七军军长，杜聿明晋升少将，升任该军二十五师七十三旅旅长，不久又升任该师副师长。

旷继勋从霍丘西门脱险，是人们硬把他抬走的。

霍丘兵败，张国焘召开会议，提出要严惩旷继勋。他说旷继勋一向与中央分局离心离德，应该绳以军法。

这时，二十五军继任军长蔡申熙说："霍丘失守是策略上的错误，不应怀疑旷继勋同志的革命立场，也不要忘了他过去所立下的赫赫战功。"

在徐向前等人的支持下，鄂豫皖军事委员会只对旷继勋作出撤职的处分，拒绝了张国焘严惩的建议。

西　征

☆☆☆☆☆

（37 岁）

敌人大军云集，张国焘决定死守鄂豫皖重镇新集。

不久，后方医院的伤员超过万人，四万五千人的红军队伍已减员三分之一。

徐向前警告说："这样打下去是不行的！是要新集还是要红军，军委要迅速决断！要新集，新集和红军皆不可保；放弃新集，红军还有生路！"

张国焘第一次意识到红军无法粉碎蒋介石的第四次"围剿"了。

战斗进行中，一发炮弹落在红十二师

指挥所内，将骁勇善战的红四方面军参谋长兼红十二师师长陈赓腿部炸成重伤，鲜血涌流，昏死过去。

陈赓醒来后，命令交通员将他扶起，继续指挥战斗。

徐向前见了，忙令人将陈赓抬下去，自己临时代理红十二师师长，率手枪营用石块和刺刀将冲上来的敌人打退。

这天，不久前被撤职的原红二十五军军长旷继勋被临时任命为红十二师师长。

陈赓的负伤和红军阵地被迫一点点向后收缩的消息让张国焘的信心完全崩溃了。于是，他忙召开鄂豫皖中央分局和军委紧急会议。会上，张国焘脸色煞白，问徐向前有何建议。

徐向前说："就目前形势而言，我军应放弃新集，跳出敌人的合围圈，重新确定一个作战方向，争取恢复反"围剿"前的主动地位。"

张国焘听了，频频点头。

9月6日，红四方面军主力收缩阵地，向皖西方向转移，新集落入敌人手中。

张国焘深知放弃鄂豫边苏区的后果，转移途中他以分局的名义致电临时中央。毛泽东对有关鄂豫皖的战略方针做出迅速反应，但事已至此，败局已无可挽回。

蒋介石对红军败退皖西十分敏感，连电催促卫立煌、陈继承、张钫迅速东下，尾追红军，与皖西右路军对红军形成夹击之势。

敌将黄杰率第二师跟踪而至，旷继勋奉命率军阻击。

黄杰命令部队不惜一切代价向红军阻击阵地发起集团冲锋，看到畏缩不前的军官和士兵立即枪毙。两军从上午血战至黄昏，旷继勋杀红了眼，率领一支敢死队扑向敌阵，敌军大溃。红军歼敌近千名，自己同样伤亡惨重。

经此一败，黄杰被迫停止进攻，红军终于得到了一个喘息的机会。当天晚上，焦头烂额的张国焘再次开会，史称黄柴畈会议。

会议开始，张国焘率先发言说：“情况大家都知道了。第四次反“围剿”以来，我军英勇奋战。但现在形势危急，根据地失去很多，如果不暂时跳到外线去，将遭受更大的损失。如果没有人不同意，就议一下突围的事吧！”

会议结束后，各部立即行动。为制订突围计划和筹措粮食，全军用去了一天时间。

1932年10月11日晚上，张国焘、陈昌浩、徐向前率领鄂豫皖中央分局机关、四方面军总部以及红十、十一、十二、七十三师、少共国际团共十三个团，兵分两路，穿越敌人封锁线，向西方的平汉路转移。

出发时，张国焘深知这一行动所要担负的重大责任，又恐报告得不到批准，便没有向中央报告。

从此，两万多名大别山儿女踏上了漫长的西征之路。

入 川

（37–38 岁）

1932 年 12 月 18 日，红军进攻川陕边界通江县的北部重镇两河口，四川军阀田颂尧的一个连闻风逃窜。

红军在通江县两河口建立了入川后第一个乡级工农政权——两河口乡苏维埃政府。

通江县扼川陕要冲，位于四川盆地东北部边缘、米仓山东段南麓。

通江县境内层峦叠嶂，沟壑纵横，历代为兵家必争之地，汉高祖刘邦曾在县东北得汉城储粮，供军队食用。

红军入川前，当地农业生产力极为低下，自给自足的小农经济占主要地位，粮食亩产不足二百斤，只有一些小作坊式的手工业。农民生活本来就很苦，再加上军阀的暴虐统治、地主豪绅的加租加息、高利贷者的层层盘剥，人民生活一直处于水深火热之中。当地民谣唱道：

▽ 红军入川第一镇两河口

三月杂粮三月糠，三月野菜三月荒，

倾家荡产还债利，如今只剩一口气。

1932年12月25日拂晓，红十二师师长旷继勋率先头部队从东北方向攻打通江县城。

在通江县从事地下工作的中共巴中中心县委书记吕自谦闻讯后，立即派交通员吴尚德给红军作向导，同时率通江县政府保安队三十余人出城迎接红军。

旷继勋的爱将许世友同穷苦百姓一起举行了隆重的入城仪式，热烈欢迎红军入川后攻克第一座县城的重大胜利。通江县城一片欢腾，人们纷纷高唱《红军来了救穷人》的歌曲：

天上最明北斗星，地上最亲咱红军，

北斗照亮黑夜明，红军来了救穷人。

红军进入通江县城后，于1932年12月29日在城中的关岳庙成立了以旷继勋为主席的川陕省临时革命委员会，作为川陕省苏维埃政府成立前的最高政权机关。

川陕省临时革命委员会成立后，除了为川陕省第一次工农兵代表大会的召开积极做准备外，更主要的是放手发动群众，开展打土豪、分浮财、分田地、建立苏维埃、组建地方武装等工作，还派出大批宣传队深入农村、乡镇，发动群众建立基层政权。

1933 年 2 月中旬，在通江县城召开了川陕省第一次工农兵代表大会，到会代表一百五十余人，其中妇女代表约三十名。

1933 年 2 月底，建立了赤北、赤江、红江、巴中、南江等五个县、巴中特别市以及陕南特别区苏维埃政府，总人口达一百余万，川陕边革命根据地初步形成。

遇　害

☆☆☆☆☆

（38 岁）

第四次反“围剿”失败后，红四方面军的干部和广大战士离开了鄂豫皖根据地，无休止地向西撤退，面临着严重的缺衣缺粮问题。

将士们没日没夜地跟着张国焘跑，累死和饿死的不计其数。到了冬季，天上飘着大雪，战士们还穿着单衣，饿着肚子，寒冷和饥饿严重地威胁着战士们的生命。对此，将士们意见很大，人们纷纷议论说：“张国焘要把这支队伍带到哪里去啊？”

红四军转移前，张国焘未向部队说明原因；转移途中，张国焘又借口军事秘密不能外泄，对行动方向缄口不提。将士们有意见，反映到总部后，张国焘不但不予理睬，反以不服从中央分局领导的罪名相威胁。

部队到达秦岭南麓的小河口镇时，余笃三、王振华、朱光、旷继勋、张琴秋等人认为必须立即采取措施纠正张国焘在鄂豫皖苏区所犯下的错误。

他们商量后，一致认为要纠正张国焘的错误，必须由中央出面才行。于是，他们准备派人去中央反映张国焘的情况。派谁去呢？他们觉得曾中生最合适。因为曾中生是红四方面军的主要领导，是张国焘到来之前的一号人物。张国焘到来后，他虽然变成了二号人物，但只有他能与张国焘平起平坐，直接交换意见。曾中生是中央信得过的，他去中央反映问题再合适不过了。曾中生对这件事也有同感，因此他愉快地接受了大家的推荐。

当曾中生向张国焘反映将士们的意见后，张国焘显出十分为难的样子。

张国焘想了想，说："中生啊，同志们的意见我理解，千万别去找中央，今天我们就开会听一听大家的意见吧。"

会上，张国焘来了个缓兵之计，成立了前敌委员会，将提意见的人都升了职。

1933 年初夏，也就是半年之后，红四方面军在徐向前等将领的率领下，取得了反击四川"剿总"田颂尧三路围攻的重大胜利。这时，张国焘卸磨杀驴，借口部队不纯，开始对向他提过意见的人进行打击报复。

曾中生、余笃三被抓起来投进监狱，旷继勋被夺去军权，只担任川陕省革命委员会主席一职。

为了迫害旷继勋，张国焘亲自出马，导演了一场丑剧：

有一天，张国焘来找旷继勋，对旷继勋说："为了劝降，我给田颂尧写过信，但不起作用。你过去在川军中当过旅长，军中旧友较多。你是不是也给他们写信，劝他们投奔红军，同我们一起建设苏维埃？如果他们能过来与我们一起战斗，今后就是建设苏维埃的有功之臣了。”

旷继勋正沉吟时，张国焘又说：“继勋呀，即使不能动员他们倒戈，如能争取他们保持中立也好啊。”

▷ 旷继勋纪念碑

旷继勋想了想说："川军旅长谢德堪，我比较熟。过去我在川军时，与他有一定交往。谢德堪这次也带兵来了，我可以给他写封信试试。"

张国焘笑了笑说："好，就这么办，我等你的好消息！"

张国焘伸手握住了旷继勋的手之后，又拥抱他一下，显出非常热情与信任的样子说：

△ 旷继勋故居纪念馆

“祝你成功！”

张国焘说完，骑马走了。

旷继勋不知道这是张国焘的诡计，高高兴兴地挥笔给老朋友谢德堪写了一封劝降信，交给警卫人员，让他们送交前来“剿共”的谢德堪。可是，这样一封写给谢德堪的信却莫名其妙地落到张国焘手中，反倒成了旷继勋“通敌”的铁证。

不久，旷继勋被张国焘以“通敌罪”秘密处决。

后 记

旷继勋永垂不朽

旷继勋作为红军的高级统帅，率领千军万马与反动派进行了艰苦卓绝的斗争，立下了不朽的功勋。

旷继勋的一生虽然短促，但他的贡献却是巨大的。新中国的成立，就是靠旷继勋这样的人流血牺牲换来的。

旷继勋虽然牺牲了，但人们永远怀念他。

旷继勋故居位于贵州省思南县城安化街。1997 年 10 月，共青团贵州省委经报请中共贵州省委批准，将旷继勋烈士故居列为贵州青少年爱国主义教育基地。

在安化街旷继勋烈士故居巷口，有一座朱漆门楼，上面悬有匾额，匾额上有中共中央军委副主席刘华清所题“旷继勋烈士故居”七个大字，金光闪闪，十分耀眼。

通过甬道进入三合院，是一套砖木混凝土仿古建筑，由故居、陈列室、接待室三大主体建筑组成，占地面积400平方米，建筑面积170平方米。纪念馆显得庄严肃穆，古色古香。

故居部分十分洁净，堂屋位于三幢房舍中间，门口左右悬有中共铜仁地委书记肖永安所撰的楹联：

大风起兮，救世匡时举义旗，红军虎将建旷代奇勋；

睡狮醒矣，富民强国求发展，乌江儿女继先烈宏愿。

跨入故居室内，正中为旷继勋烈士汉白玉半身雕像。左右墙壁上悬挂着几幅题词：中央军委委员、解放军总后勤部部长、原成都军区司令员廖锡龙所题“发扬红军精神，艰苦创业，振兴思南”；贵州省省长吴亦侠所题“继承先烈精神，保持红军特色”；铜仁地区行署原专员袁周所题“旷世奇勋，一代英才”；中国人民大学组织、宣传部长李逸山所题“旷继勋烈士永垂不朽”。

故居右间陈列着烈士生前用过的木床，墙壁上挂着他的一幅半身戎装像；故居左间为来宾题词处。

三间正房的左右分别为马房、厨房和卫生间。

陈列室内，各种图、表、照片挂满四壁，分“青少年时期”、“率军起义”、“转战洪湖”、“奋战鄂豫皖”、“川陕悲歌”五部分，展示了烈士成长过程和各个时期的光辉业绩。

1929年6月29日，旷继勋发动蓬溪起义，威震全川，影响全国。这是大革命失败后四川的第一次武装起义，树起了中国工农红军四川第一路大旗，建立了四川第一个县级红色政权——蓬溪县苏维埃政府。这次起义铸就了“坚韧不拔、自强不息、艰苦奋斗、奋勇争先”的革命老区精神；这次起义有力支持了全国革命斗争，为四川革命活动播下了火种，为川北乃至整个四川的革命胜利作出了巨大贡献。

旷继勋烈士是中国共产党的优秀党员，坚强的无产阶级革命战士。在第二次国内革命战争时期，他一心一意干革命，能上能下，出生入死，把毕生的精力完全献给了中国人民的解放事业。蓬溪人民为他建立纪念馆，让子孙后代永远缅怀这位先烈的卓越贡献。

旷继勋的戎马一生，是自动自觉、不屈不挠、无怨无悔、浴血奋战的一生。旷继勋献出了灿烂的青春、宝贵的生命，是我军早期军人平凡坚忍、刻苦顽强、英勇悲壮形象的缩影。为了革命，为了共产主义事业，他浴血奋战，表现了大无畏的英雄气概，为我们树立了光辉的榜样。他是我们中国人民的骄傲，他是我们炎黄子孙的楷模！

旷继勋的一生虽然短暂，但他用青春和热血为中国人民的解放事业谱写了一曲壮丽的诗篇，其浩然正气可歌可泣，其丰功伟绩与天地共存。

旷继勋永垂不朽！